218268

UN

DRAME D'AMOUR

PAR

XAVIER DE MONTÉPIN

ÉDITION ILLUSTRÉE PAR CH. GAILDRAU

G1

Prix : 70 centimes

PARIS

CHARLIEU ET HUILLERY, EDITEURS

RUE GIT-LE-COEUR, 10.

1861

Y²

4082

Mon enfant, n'oubliez pas que ma lettre doit être remise aujourd'hui même. (Page 3.)

UN
DRAME D'AMOUR

PAR

XAVIER DE MONTÉPIN

PREMIÈRE PARTIE.

—

I. — MADEMOISELLE FLORE.

Le château de Talmay, situé à l'une des extrémités du Val-Suzon et à quatre ou cinq lieues de Dijon, passe à bon droit pour l'une des plus belles habitations de la Bourgogne.

Cette admirable résidence, bâtie en pierre et en brique, avec des toits hauts et pointus couronnés d'une fine dentelle de plomb, conserve en plein dix-neuvième siècle des allures féodales. — Son vaste corps de logis et ses pavillons élégants, assis sur le plateau large d'une colline boisée et entourés de futaies séculaires, dominent les sinuosités du vallon et les méandres capricieux d'une petite rivière aux eaux limpides et peu profondes courant sous un berceau de vieux saules et de bouleaux à l'écorce d'argent et servant de clôture naturelle à un parc de cinquante hectares.

Des prairies, semblables à un grand tapis de velours vert, s'étendent de l'autre côté de la rivière jusqu'aux bois immenses qui couvrent une étendue de plusieurs lieues et qui font partie des domaines du château.

Cette propriété splendide appartenait depuis des siècles à la même famille, et de père en fils les comtes de Talmay avaient toujours été de grands chasseurs devant le Seigneur, comme Nemrod de biblique mémoire.

Nous prions nos lecteurs de vouloir bien nous accompagner au château de Talmay, par une soirée d'automne de l'année 1829.

Le soleil à son déclin, se trouvant caché par un nuage long et étroit, couleur de cuivre et frangé d'or, faisait resplendir l'horizon des nuances les plus vives et les plus variées. — Au-dessous du nuage un espace assez large était d'un bleu de lapis-lazuli à reflets d'or. — Au-dessus un espace plus vaste, d'un bleu verdâtre et transparent. — Plus haut, de grands nuages teints d'une pourpre sanglante, et enfin, dans les profondeurs du firmament, de petits flocons roses sur un fond d'une blancheur faiblement azurée.

1801

Ⓒ

Les cimes lointaines des vieux arbres de la forêt nageaient dans une brume violette et transparente.

Des profondeurs de la vallée s'élevaient par intervalles les aboiements confus et harmonieux d'une meute et les notes saccadées d'une fanfare, puis il se faisait de grands silences et tout à coup les voix des chiens et les cadences des trompes retentissaient plus vagues et plus éloignées.

A deux étages du château, deux femmes, de conditions bien différentes, accoudées au rebord d'une fenêtre ouverte, contemplaient d'un œil distrait le magnifique coucher de soleil que nous venons de décrire et prêtaient l'oreille à cette musique faible et voilée dont le charme inouï semblait les laisser cependant tout à fait indifférentes.

L'une de ces femmes était la maîtresse de la maison, la comtesse Marie de Talmay.

L'autre, simple soubrette parisienne, de l'école des Dorine et des Marton, répondait au nom quelque peu prétentieux de Flore.

Montons au premier étage et franchissons le seuil de la chambre à coucher de la comtesse. — Nous ne tarderons pas à venir retrouver la soubrette au rez-de-chaussée.

L'appartement de madame de Talmay, quoique meublé et décoré avec luxe, ne prêtait guère à la description. — La réaction de 1830 contre les modes et le style de l'Empire et de la Restauration n'avait point encore eu lieu, et les classiques et bâtardes réminiscences des formes grecques et romaines régnaient encore, mais pour être détrônées bientôt par les excentricités moyen âge du gothique le plus chevelu.

Une étoffe de soie bleue, garnie d'une *grecque* blanche, formait la tenture de la chambre que nous occupe. — Les sièges étaient en acajou, recouverts d'une étoffe pareille à la tenture. — Le lit disparaissait sous des doubles et immenses rideaux de soie bleue et de mousseline blanche. — Quelques tableaux d'une grande valeur, dus aux pinceaux des vieux maîtres de l'école italienne, relevaient seuls la monotonie insupportable de cet ensemble. — La pendule-*empire*, placée sur la cheminée, semblait ne pouvoir sonner que des heures d'ennui, et les candélabres à cinq branches, tout à la fois longs et lourds, qui l'escortaient, ne devaient sans doute éclairer que des soirées tristes.

Ceci n'est un paradoxe qu'à moitié. — Certains ameublements inspirent d'invincibles tristesses, certains autres disposent à la joie. — Les objets extérieurs agissent sur l'organisation et sur le moral beaucoup plus que ne le pensent les gens superficiels.

Le dix-huitième siècle fut le siècle de la gaieté, parce qu'il n'était entouré que de formes rondes et galantes, de couleurs vives et joyeuses.

On riait d'un franc rire aux banquets de nos bons aïeux, parce que dans de chaudes salles à manger, tendues de tapisseries des Flandres à sujets divertissants, toutes sortes de faïences de Rouen et de Delft, adorablement réjouissantes, s'étalaient sur les tables de chêne à pieds tors, et les vins de Bourgogne et d'Espagne coulaient comme des rubis et comme des topazes en fusion dans des verres de Venise à calices de tulipes.

Aucun spleen ne saurait résister aux jeux de la lumière sur les fleurs d'or du cuir de Cordoue, aux reflets de pourpre et d'azur des potiches ventrues du Japon, aux agaceries souriantes de ces magots de la Chine si spirituellement moqueurs dans leur grimace éternelle.

Beaucoup de gens hausseront les épaules en lisant ce qui précède. — Qu'importe?... — Il n'est pas en ce monde une seule grande vérité qui n'ait trouvé des incrédules et des contradicteurs.

Un guéridon d'acajou à dessus de marbre blanc, placé au milieu de la chambre, supportait un grand vase de Sèvres rempli de roses fraîchement coupées. — Tout à l'entour s'étalaient au hasard des livres, des brochures, des albums, des broderies, enfin mille petits ouvrages féminins commencés et interrompus.

Des cahiers de musique étaient ouverts sur le piano, d'autres épars sur le tapis.

Tout ce désordre semblait charmant, en ce qu'il révélait la présence incessante d'une femme, et fournissait sur cette femme certains indices qui ne se devaient point être trompeurs.

La nuance de la tenture prouvait qu'elle était blonde.

Les fleurs permettaient de supposer qu'elle était jeune.

Le piano la disait musicienne, et les livres, intelligente.

Nous allons voir à l'instant même si la réalité confirmait nos suppositions savamment raisonnées.

Madame de Talmay, appuyait sur un coussin de velours bleu ses bras ronds et blancs, nus presque jusqu'à l'épaule selon la mode de 1829, ne laissait voir que la torsade épaisse de ses cheveux blonds enroulés derrière sa tête, la naissance de ses épaules éclatantes et polies comme du marbre de Carrare, et les contours déliés de sa taille svelte sans maigreur que dessinait le corsage étroit de sa robe de soie gris perle.

La comtesse avait vingt-trois ans. — Elle était grande et mince, charmante plutôt que belle, surtout gracieuse, et pourvue amplement de cet attrait indéfinissable qu'on appelle la distinction.

Son visage, d'une délicatesse infinie, faisait penser involontairement au velouté d'une rose pâle; — ses yeux, d'un bleu sombre,

offraient une expression rêveuse et presque mélancolique; — ses lèvres, rouges comme du corail humide, tranchaient vivement sur la blancheur mate de sa peau. — Une agrafe d'émail et de diamants retenait autour de son cou un ruban de velours noir.

Madame de Talmay, nous l'avons dit, attachait ses regards sur la vallée avec une distraction manifeste. — Elle n'accordait aucune attention aux horizons magnifiques qui se déroulaient devant elle et aux splendeurs du soleil couchant. — Elle s'absorbait tout entière dans sa pensée, et cette pensée n'était point joyeuse, du moins s'il fallait s'en rapporter aux nuages de tristesse qui passaient sur son front, et à l'expression pleine d'amertume du demi-sourire qui parfois entr'ouvrait ses lèvres.

Pourquoi cette tristesse?

Madame de Talmay passait cependant pour une femme heureuse. — Elle avait tout ce qui se peut souhaiter en ce monde : la jeunesse, la beauté, la fortune, le luxe, un mari plein de déférence et de tendresse...

Mais Dieu seul lit au fond des cœurs, — Dieu et les romanciers; — peut-être saurons-nous bientôt ce qui se passait dans celui de la comtesse.

Quittons le premier étage et descendons au rez-de-chaussée où nous allons trouver mademoiselle Flore, accoudée, le nez au vent, à l'une des fenêtres du vestibule.

Mademoiselle Flore était une de ces jolies et impertinentes soubrettes qui, lorsque leurs principes ne s'y opposent point, ne tardent guère à passer de l'antichambre de leur maîtresse dans un salon, ou plutôt dans un boudoir qui leur appartient en propre.

Comme dans le fameux roman du chevalier Louvet de Couvray, il y avait en Flore l'étoffe d'une *madame de Mondesir*.

Figurez-vous une frétillante et rose créature, au minois chiffonné et provoquant, aux grands yeux noirs tentateurs et hypocrites, — à la chevelure opulente et lustrée, sous un petit bonnet de dentelles, — à la taille mince à tenir entre les dix doigts, — aux hanches espagnoles, — à la main fine et au pied cambré et bien chaussé; — enfin la vivante et sémillante incarnation de la beauté du diable. — Vous voyez cela d'ici.

Mademoiselle Flore, elle aussi, avait l'air rêveur.

Comme la *Mignon* de Gœthe et d'Ary Scheffer, elle regrettait sa patrie, mais d'une façon infiniment moins poétique et romanesque.

La soubrette regrettait Paris qui l'avait vue naître, dans la loge d'un concierge de la rue du Bac, son père légitime, et elle s'ennuyait mortellement au fond de la Bourgogne, où elle avait été amenée, trois mois auparavant, par la tante de la comtesse de Talmay, madame la baronne Sylvanire de Lamargelle, avec laquelle nous ne tarderons point à faire connaissance.

La baronne Sylvanire avait cru faire un inappréciable cadeau à sa nièce en lui donnant mademoiselle Flore.

En cela elle s'était trompée.

Fidèle aux traditions de son emploi, la soubrette trouvait absolument inhabitable une maison dont la maîtresse n'avait pas la plus petite intrigue à suivre et le moindre mystère à cacher.

En outre, les valets de chambre de province déplaisaient essentiellement à mademoiselle Flore.

Elle leur reprochait de manquer de style et d'allure.

L'intérêt et le plaisir lui faisaient donc à la fois défaut.

— Très certainement, — se disait-elle, — je ne resterai pas ici... — Quand la baronne partira, je lui avouerai que, toute réflexion faite, je ne puis me décider à me séparer d'elle... — La *vieille folle* sera touchée de mon dévouement, — elle augmentera mes gages et nous retournerons ensemble à Paris... — Vive Paris!...

Puis la soubrette ajoutait sans transition :

— Ah! la baronne, à la bonne heure, parlez-moi de ça!... — voilà une femme comme je les comprends!... elle ferait joliment mon affaire si elle avait seulement une vingtaine d'années de moins... — O feu baron de Lamargelle! comme tu as dû en voir de toutes les couleurs de ton vivant, cher ami!... je donne une larme à ta cendre et je te plains du plus profond de mon cœur, mon bonhomme!...

Mademoiselle Flore en était là de son monologue railleur, et deux mignonnes fossettes se creusaient dans ses joues au souvenir des mésaventures conjugales du défunt mari de Sylvanire, quand un bruit soudain lui fit dresser l'oreille.

Ce bruit venait du parc.

Le galop impétueux d'un cheval retentissait dans les allées sablées.

Flore se pencha sur l'appui de la fenêtre, et, à travers une éclaircie du feuillage, elle ne tarda point à voir passer un cavalier lancé à toute bride et qui venait dans la direction du château.

— Tiens! se dit la soubrette, — il paraît qu'un de ces messieurs a quitté la chasse... mais par où diable est-il entré dans le parc? — il n'y a pas de grille de ce côté-là... Ce cavalier a donc traversé la rivière ou franchi le saut de loup!... Voilà qui me paraît bizarre...

Il n'en fallait pas tant pour faire travailler l'imagination de mademoiselle Flore.

La moindre apparence de mystère suffisait pour lui permettre de donner carrière à des conjectures de toutes sortes.

Dans ce moment elle ne s'ennuyait plus.

Elle prêta l'oreille avec un redoublement d'attention, mais le bruit du galop impétueux avait cessé de se faire entendre.

— Eh bien ? — se demanda la soubrette, — qu'est devenu cet écuyer qui courait si vite tout à l'heure?

La réponse à cette question ne se fit pas attendre.

Nous savons déjà que depuis le château, situé dans une position élevée, on dominait le versant boisé de la colline.

Les yeux perçants de mademoiselle Flore distinguèrent un mouvement léger dans le feuillage, et ils surprirent, ou plutôt ils devinèrent la présence d'un homme qui mettait pied à terre au milieu d'un massif, et qui attachait sa monture par la bride à un tronc d'arbre.

— Allons !... allons !... — murmura la soubrette en frappant joyeusement ses deux petites mains l'une dans l'autre, — voilà qui se complique !... — Pourquoi ce personnage inconnu cache-t-il ainsi son cheval dans un fourré au lieu de l'amener tout simplement à l'écurie ?... S'il était minuit, je ne me sentirais point tranquille, mais il fait grand jour, et ce quidam ne peut être un brigand ; d'ailleurs, le temps est passé où les brigands faisaient leurs expéditions à cheval... — Non... non... ce n'est pas un voleur, mais qu'est-ce donc ?

Mademoiselle Flore allait le savoir.

Le mystérieux visiteur se glissa le long des allées les plus ombreuses, à la façon d'un Mohican qui veut surprendre son ennemi. — Évidemment il s'efforçait de ne point attirer l'attention et d'éviter la rencontre de ceux des hôtes du château qui peut-être se promenaient dans le parc.

Enfin, après une marche lente et prudente, il atteignit la lisière de la partie boisée et ne se trouva plus séparé du château que par une vaste pelouse dont une allée circulaire dessinait le contour.

Il ne pouvait désormais faire un pas de plus sans se voir complètement à découvert.

Il s'arrêta en se dissimulant de son mieux derrière le tronc d'un gigantesque noyer d'Amérique, mais la soubrette avait eu le temps d'entrevoir son visage. — Elle fit un geste de surprise, et elle se dit :

— M. Georges de Commarin !... Que signifie cela ? — Que vient-il chercher ici, et pourquoi donc a-t-il quitté la chasse ?

Depuis le poste d'observation où il venait de s'installer, Georges de Commarin, puisque tel était le nom du nouveau venu, promena ses regards sur toute la façade du château. — Il tressaillit en apercevant madame de Talmay, et ses yeux parurent ne plus pouvoir se détacher de la fenêtre où elle s'accoudait.

— Que regarde-t-il donc ainsi ? — se demanda Flore.

Cependant, au bout de quelques minutes, le jeune homme — c'était un jeune homme — continua son examen. Son regard, longuement fixé sur le premier étage, redescendit vers le rez-de-chaussée et s'arrêta avec une expression joyeuse sur le joli minois de la soubrette.

— Ah çà ! mais, — pensa cette dernière, — on dirait qu'il me sourit... — je ne me trompe pas, il me fait des signes... — Est-ce que par hasard il serait revenu pour moi ?...

Mademoiselle Flore, très-satisfaite de sa petite personne, prit sa taille mince entre ses dix doigts en ajoutant :

— On en vaut, ma foi, la peine !...

Georges de Commarin agitait son bras droit dans la direction de la camériste, à la façon de ces pauvres télégraphes si complètement détrônés par l'électricité.

Mademoiselle Flore fit un geste qui voulait dire clairement :

— Est-ce à moi que vous en voulez, monsieur ?

La tête et la main du jeune homme se remuèrent trois fois de haut en bas, répondant ainsi :

— Oui... oui... oui...

— C'est un joli garçon, — murmura la soubrette, — on peut se risquer !

Et sa mimique répliqua :

— J'y vais...

En même temps elle quitta la fenêtre, elle sortit du vestibule ; et, traversant la pelouse d'un air parfaitement dégagé, elle cueillit, chemin faisant, quelques fleurettes sur le gazon et elle atteignit la lisière du parc.

Avant de s'engager dans l'allée sombre ouverte devant elle, elle se retourna et elle jeta un coup d'œil sur la façade du château, espérant y découvrir l'objet qui, quelques minutes auparavant, avait captivé l'attention de Georges.

Mais elle ne vit rien.

Madame de Talmay venait de quitter la fenêtre.

La soubrette fit quelques pas sous la voûte de verdure formée par les grands arbres qui se rejoignaient au-dessus de l'allée.

M. de Commarin la rejoignit presque aussitôt.

Georges était un grand jeune homme de vingt à vingt-cinq ans, très-pâle sous ses cheveux sombres, avec des yeux noirs expressifs et étincelants, quoique fatigués par les nuits passées autour du tapis vert d'une table de jeu, par les soupers et par les boudoirs.

Son costume de chasse mettait en valeur l'élégante souplesse de sa taille et la désinvolture cavalière de sa démarche.

Il portait une casaque de velours noir à boutons d'argent, serrée

aux hanches par le ceinturon d'un couteau de chasse dont la poignée ciselée était véritablement une œuvre d'art.

De longues bottes à l'écuyère venaient rejoindre sa culotte de tricot blanc dessinant une cuisse fine et nerveuse comme celle du Méléagre antique.

La visière de sa casquette de velours projetait son ombre sur son front et sur ses yeux. — Sa main gauche tenait une cravache.

La soubrette s'arrêta, et, les yeux baissés d'une façon qui s'efforçait d'avoir l'air modeste et virginal, elle attendit, sachant bien que le jeune homme n'avait point la réputation d'être timide.

— Mademoiselle Flore... dit-il avec une hésitation qui surprit la jeune fille.

— Monsieur Georges ?

— Merci, d'abord, d'avoir compris que j'avais à vous parler...

— Il m'aurait été difficile de ne pas le comprendre ; vous avez la pantomime très-expressive...

— Savez-vous bien que vous êtes charmante ?

— Je n'en doutais guère, et, puisque vous me l'affirmez, je n'en doute plus, car on prétend que vous êtes connaisseur.

— Sous une aussi gracieuse enveloppe il est impossible que vous n'ayez pas un petit cœur compatissant... — reprit Georges.

— Croyez-vous cela ?

— J'en suis sûr.

— Eh bien ! au fait... je ne dis pas non...

— J'attends de vous un service, mademoiselle Flore...

— Un service ?

— Immense.

— Lequel ?

Georges tira de la poche de côté de son habit de chasse une très-petite lettre cachetée, mais sans adresse.

— Ce billet... — dit-il.

— Eh bien ?

— Chargez-vous de le remettre...

— A qui ?

— A votre maîtresse.

Flore tressaillit de joie.

Tous ses vœux étaient comblés... Madame de Talmay avait une intrigue... le règne du mystère et des trahisons allait s'inaugurer au château... — quelle aubaine pour une camériste de la bonne école !...

Cependant elle eut l'air de faire résistance.

Elle repoussa doucement la lettre, en balbutiant avec un embarras et une pruderie parfaitement joués :

— Non... non... monsieur Georges, ne me demandez pas cela...

— Refusez-vous donc de vous charger de cette lettre ?

— Oui, certes, je refuse !...

— Et pourquoi ?

— Parce qu'il le faut ?

— Mais, pourquoi le faut-il ?

— Je ne puis... je ne dois... D'ailleurs madame ne me le pardonnerait jamais.

— Non-seulement votre maîtresse vous pardonnera, mais elle vous en saura gré...

— Ah ! — murmura curieusement la soubrette, — c'est donc convenu avec elle ?...

— Non, sans doute ; mais il est indispensable, dans son propre intérêt, qu'elle connaisse le contenu de ce billet...

— Vous m'affirmez qu'il y va de l'intérêt de madame ?

— Je vous l'affirme...

— J'ai toute confiance en vous, monsieur Georges, et cependant j'hésite encore...

— N'hésitez plus, mon enfant... chargez-vous de la mission que je vous supplie d'accepter...

— Allons, je cède... je suis si faible...

— Dites, si bonne.

Flore fit glisser le billet de Georges dans le joli sanctuaire de sa gorgerette.

Le jeune homme poursuivit :

— Ce n'est pas tout... — Acceptez ceci pour l'amour de moi, mademoiselle, je vous le demande en grâce...

Et il tendit à la soubrette une petite bourse rondelette.

— Qu'est-ce que cela ? — demanda Flore, qui le savait bien.

— C'est pour le port... — dix louis...

Et Georges ajouta tout bas en se parlant à lui-même :

— Les derniers ?...

Cette fois, mademoiselle Flore, en camériste bien élevée, ne fit aucune façon.

Elle prit délicatement la bourse qui disparut dans la poche de son tablier de soie.

— Mon enfant, — continua Georges, — n'oubliez pas que ma lettre doit être remise aujourd'hui même... avant la nuit... il y va des plus graves intérêts, je vous le répète...

— Soyez tranquille, monsieur Georges, et comptez sur mon exactitude...

— Vous êtes aussi bonne que jolie.

La soubrette fit une révérence.

Georges la prit par la taille et l'embrassa sur le cou, à la naissance des cheveux, si vivement qu'il lui aurait été tout à fait impossible de faire résistance, en supposant, chose peu probable, que la pensée de cette résistance lui fût venue.

Puis, sans ajouter un mot, il regagna le massif dans lequel il avait attaché son cheval, et mademoiselle Flore l'entendit s'éloigner au galop.

Elle reprit aussitôt le chemin du château, elle remonta dans sa chambre, et, tirant de son sein la lettre du jeune homme, elle se mit à l'examiner avec une indicible et fiévreuse curiosité.

Flore aurait donné de grand cœur une bonne partie des pièces d'or qu'elle avait reçues pour savoir ce que contenait la lettre, mais il ne fallait point songer à rompre le cachet armorié qui fermait le pli, et l'indiscrétion de la soubrette devait se contenter de recourir à des moyens plus simples ou plus habiles.

Connaissez-vous un charmant dessin de Vidal?

Une cameriste, à la mine friponne, élève un billet à la hauteur de son œil et ne néglige rien pour saisir une partie du secret galant que recèle dans ses flancs la frêle enveloppe, aristocratique et parfumée.

Pendant quelques minutes, l'attitude de mademoiselle Flore offrit l'exacte reproduction de ce dessin.

Enfin les louables efforts de la soubrette furent en partie récompensés.

Elle parvint à déchiffrer quelques mots qui, sans doute, lui parurent suffisamment significatifs, car elle s'écria :

— Un rendez-vous pour cette nuit !... — vertu de ma vie !... voilà qui valait plus de dix louis !... Par bonheur, je suis une fille adroite, et les piécettes jaunes, tombées dans ma poche tout à l'heure, ne sont que les premières gouttes de la pluie d'or que je saurai changer en averse !...

En ce moment retentit le timbre argentin de l'une des deux sonnettes placées dans la chambre de la soubrette.

— C'est madame la baronne qui m'attend, — se dit-elle, — j'y cours....

La lettre de Georges reprit sa place dans le corsage de mademoiselle Flore, qui se dirigea d'un pas leste vers l'appartement de sa première maîtresse, aux ordres de laquelle elle était restée pour tout le temps du séjour de cette dernière au château.

II. — LES SOUVENIRS DE LA BARONNE.

La baronne Sylvanire de Lamargelle, veuve depuis longtemps consolée d'un général de division dont la félicité conjugale n'avait pas été sans nuages, offrait aux observateurs un type amusant et curieux.

Esquissons en quelques traits la physionomie de cette héroïne d'un trop grand nombre de tendres romans.

Au moment de l'arrivée de mademoiselle Flore, la baronne, vêtue d'un peignoir de mousseline blanche orné de nœuds d'un rose tendre, était étendue dans une bergère, et tenait sur l'un des doigts de sa main gauche une jolie petite perruche verte, en jouant de la main droite avec un éventail illustré de scènes mythologiques et galantes.

Le mystère historique épaissi à dessein autour de l'homme au masque de fer, ce mélodramatique mémoire, n'était rien à côté de celui dont il plaisait à la baronne d'envelopper son acte de naissance.

Personne ne connaissait l'âge exact de madame de Lamargelle, — elle-même sans doute l'avait oublié, et se plaisait à conserver à son endroit de douces illusions.

Parfois, entraînée à son insu par de juvéniles réminiscences, Sylvanire remontait le fleuve de ses souvenirs et faisait, dans un passé lointain, des excursions compromettantes.

Mais sa présence d'esprit un instant en défaut lui montrait bien vite le danger des dates, et elle se tirait d'affaire en ajoutant vivement :

— Ceci se passait bien longtemps avant ma naissance...

Ou bien :

— Je n'étais qu'une enfant alors...

En réalité, madame de Lamargelle pouvait avoir doublé depuis quelques années le cap néfaste de la cinquantaine, mais franchement, vue à distance et dans une demi-obscurité favorable, elle ne semblait point avoir beaucoup plus de quarante-quatre ou quarante-cinq ans.

Sa taille, restée fine et élancée, quoique un peu raide, prêtait à l'illusion.

La baronne, grande et mince, pour ne pas dire maigre, et toujours habillée avec une élégance irréprochable, conservait la tournure dégagée d'une femme jeune encore. — Sans trop de présomption, elle pouvait conserver l'espoir de tourner, au bal masqué, quelques têtes facilement inflammables.

Le visage de Sylvanire produisait l'effet, au premier coup d'œil, d'un pastel bien réussi. — La baronne consacrait, chaque matin, plus de deux heures à faire sa tête, comme on dit en argot de coulisses. — Au moment de cette importante et solennelle opération, le marbre de sa toilette offrait l'aspect bizarre et presque imposant du laboratoire d'un alchimiste. — C'était un étrange encombrement de petites fioles et de petits pots, et d'une foule d'instruments invraisemblables dont l'usage ne se devinait point tout d'abord et permettait les suppositions et les commentaires.

A quoi nous servirait d'énumérer les teintures et les essences destinées à rendre aux cheveux, jadis noirs, la couleur, puis le brillant, puis la souplesse qu'ils avaient perdus? — A quoi bon énumérer les blancs et les rouges, solides et liquides, de toutes les espèces et de toutes les provenances? — Les sachets de poudre de riz, les houpes, les pattes de lièvre?... les outils à dessiner les veines et ceux dont le but était de régulariser et de colorer les sourcils?

Sylvanire, une fois sous les armes, c'est-à-dire agréablement peinte et teinte, comparait avec assez volontiers l'aspect mat et farineux de son plâtrage au délicat velouté d'une pêche mûre.

Notre volonté étant de tout dire, le bien comme le mal, nous devons ajouter que la bonne dame avait conservé des dents superbes et des yeux émerillonnés dont l'expression *retardait* de quinze ou vingt ans.

Madame de Lamargelle aimait passionnément à se décolleter... — Avec ou sans prétexte, elle étalait ses bras jadis charmants (hélas ! tout passe!), les angles nettement accusés de ses épaules, les salières profondes et le néant absolu de sa poitrine.

La manie des bijoux dont Sylvanire était possédée servait de correctif à ces exhibitions quotidiennes et déplorables.

Les bracelets étages montaient jusqu'au coude; — les colliers voilaient à demi les aspérités et les cavernes que Sylvanire croyait irrésistiblement séduisantes.

Chacun de ces bijoux parlait à la mémoire de la sensible veuve, et ce n'est pas toujours vers feu le général baron de Lamargelle que remontaient ses souvenirs. — Nous avons même de fortes raisons pour supposer que l'écrin conjugal était de tous ses écrins celui qu'elle appréciait le moins.

Malgré ses ridicules innombrables, malgré l'esprit et le jugement les plus faux et ces idées plus dangereusement dévoyés qu'il soit possible d'imaginer, la baronne était au fond une personne excellente et point sotte en tout ce qui ne touchait en rien à ses prétentions ou à ses adorations rétrospectives.

Son immoralité, ou plutôt son absence de moralité, semblait moins odieuse parce qu'elle était naïve. — Sylvanire aurait donné, de la meilleure foi du monde, à sa nièce ou à toute autre jeune femme, les plus exécrables conseils, sans se douter de la profondeur de l'abîme innocemment creusé par elle, et sans soupçonner le terrible et effrayante responsabilité qu'elle devait assumer sur sa tête en agissant ainsi.

Nous prions nos lecteurs de ne point crier à l'exagération en face de ce caractère... Nous ne le *copions* pas, nous le *photographions* sur nature.

Mademoiselle Flore entra dans la chambre à coucher où se trouvait la baronne.

La perruche, dans un accès de joie sans cause ou de méchanceté sans motif (l'allégresse et la malignité des perruches se ressemblent beaucoup et se manifestent souvent de la même façon), se mit à battre des ailes en poussant des cris aigus.

Sylvanire lâcha tout aussitôt son éventail et soupira d'une voix caressante, en grattant affectueusement le volatile sur le sommet de la tête avec l'ongle du doigt annulaire de la main droite :

— Cocotte... Cocotte... qu'est-ce que nous avons donc, cher amour? — allons, baisons cette maîtresse, cette bonne maîtresse, baisons-la tout de suite, baisons vite, mon ange...

La perruche se calma et approcha son bec crochu et tranchant des lèvres vermillonnées de *bonne maîtresse*.

Exaltée par cette preuve d'obéissance et de tendresse, madame de Lamargelle dévora l'oiseau de baisers, ce qui parut ne causer à Cocotte qu'une satisfaction incomplète.

— Madame la baronne a sonné? — demanda Flore.

— Oui, ma petite.

— Me voici aux ordres de madame la baronne.

— Mets *la chérie* sur son perchoir et songeons à ma toilette... Je crois qu'il est temps... Ces messieurs ne tarderont pas à rentrer.

Mademoiselle Flore prit délicatement la perruche qui recommençait ses cris et ses battements d'aile insensés, et la posa sur le bâton le plus élevé d'un élégant perchoir de citronnier à godets d'argent.

Madame de Lamargelle se leva d'un air plein de langueur et se mit à détacher les rubans de son peignoir.

— Quelle robe mettra madame la baronne? — fit la soubrette.

— Je ne sais, ma petite... Non, en vérité, je ne sais... — J'hésite entre ma robe de crêpe jaune paille et ma robe de taffetas rose... — En ma qualité de brune, le jaune paille me sied à ravir, mais la rose a, je crois, quelque chose de plus jeune et de plus gai... — Tu ne manques pas de goût, ma chère Flore, je te demande un conseil...

— Madame la baronne me comble, mais de quelle façon répondre à sa confiance?... — Madame la baronne est de ces femmes à qui tout va bien... — Impossible de faire un choix raisonné...

— C'est vrai, ma fille, tu as raison... — En donnant à ma nièce, je lui ai donné un trésor... — Tu as de l'esprit comme un ange, tu vois juste et tu parles bien... — Mais comment faire pour me décider?...

— Si madame la baronne me le permet, je lui donnerai une idée qui peut-être n'est pas mauvaise...

— Je permets... — Voyons ton idée.

— Lorsque le raisonnement est inutile, il faut s'en rapporter au hasard. — Que madame la baronne tire à la belle lettre...

— Charmant !... charmant !... — s'écria la baronne, — j'adopte avec enthousiasme !... — Prends un volume sur ce guéridon...

— Je tiens le volume...

— Tu représenteras le jaune et je serai l'incarnation du rose... — Celle des deux nuances dont la lettre sera la plus rapprochée de la lettre A aura l'avantage pour ce soir... — Voyons, interroge l'oracle...

La soubrette prit une épingle et avec cette épingle ouvrit le volume.

— Quel est le mot ?... — Demanda la baronne.

— Vieillesse... — dit Flore en faisant la moue.

— Fi, l'horreur !!... — répliqua madame de Lamargelle. — Ah ! le vilain mot !... — A mon tour...

Le livre refermé s'ouvrit de nouveau.

— Amour !... — murmura d'un ton langoureux la triomphante Sylvanire, — à la bonne heure !... — L'oracle ne pouvait plus spirituellement répondre !... — Petite, je te fais cadeau de la robe jaune... — Pour un empire je ne la porterais pas désormais...

— Je remercie madame la baronne...

— Amour !... amour !... amour !... — modula Sylvanire sentimentalement et sur trois tons différents. — Oh! Cupidon, fils de Vénus, c'est ta voix que je viens d'entendre ?... — Le rose est ta couleur favorite !... vive le rose !... — Dis-moi, petite, ai-je le teint clair, aujourd'hui ?...

Mademoiselle Flore regarda sans rire la couche épaisse de pastels multicolores qui plâtraient le visage de la baronne, et répondit avec un sérieux parfait :

— Le fraîcheur et le velouté de madame sont incomparables.

— Crois-tu que je paraisse aussi jeune que ma nièce ?...

— Je serais au désespoir d'offenser madame, — répondit Flore avec une hypocrisie miraculeusement impudente... — Mais la vérité avant tout... — Madame la baronne me semble avoir trois ou quatre ans de plus que madame la comtesse... — Que madame la baronne me pardonne...

— Non-seulement je te pardonne, mais encore je t'aime ta franchise. — Je ne saurais supporter les compliments et les fadeurs... — Au moins, toi, quand tu parles, on sait que tu dis ce que tu penses... — Ah ! petite Flore, je sens que j'aurai de la peine à te remplacer...

— Que madame la baronne me conserve... — Je serais si heureuse de ne la quitter jamais...

— Oui... oui... Je connais ton dévouement... Mais c'est impossible... — je t'ai donnée à ma nièce, je ne puis te reprendre...

La camériste poussa un soupir.

— Voyons... voyons... — reprit la baronne. — Occupons-nous de choses sérieuses... — Du moment que je suis en rose, dois-je me coiffer avec du corail, des perles ou des fleurs ?...

— Les fleurs vont admirablement à madame...

— Sans doute... — les perles aussi, — je trouve même que les perles donnent à ma physionomie quelque chose d'oriental... — Ah ! petite Flore, que de souvenirs ce mot me rappelle...

— Est-ce que madame la baronne est allée en Orient ?...

— Jamais... non, jamais, hélas!... mais j'ai connu un Turc.

— Un beau Turc, madame ?...

— Ah ! je le crois bien, qu'il était beau !... — C'était un attaché d'ambassade... — Il s'appelait Méhémet-Aly, le noble jeune homme !... — Que dis-je, jeune homme, je devrais plutôt m'écrier : jeune Dieu !...

— Je me suis laissé dire, madame, que ces Turcs avaient une quantité de femmes légitimes.

— Ce n'est que trop vrai, ma fille !... — Mais il faut les plaindre et non les blâmer... — Les mœurs de leur pays et la vivacité de leur sang ne leur permettent point d'apprécier les douceurs d'un amour unique et constant.

— Pauvres gens !... — murmura la soubrette avec componction.

— Combien de fois, — poursuivit madame de Lamargelle vivement, — combien de fois Méhémet m'a promis de faire trancher la tête à ses favorites le jour même de son retour à Constantinople...

— Trancher la tête !... — répéta Flore.

— Mon Dieu, oui... — Il comprenait si bien le dévouement, ce cher ami !...

— Et cette promesse, madame, l'a-t-il tenue ?...

— Je n'ai nulle raison pour en douter. — Sa sincérité, comme la tienne, n'avait pas de bornes... — Et quelle admirable barbe brune !... — ses dents étaient blanches comme des perles !... — Ses yeux noirs étincelaient plus que des étoiles !... — Son costume d'apparat donnait une idée exacte des plus fabuleuses magnificences des Mille et une Nuits !... Il me semble le voir encore avec son turban de cachemire, ses larges pantalons de satin, sa veste écarlate ornée dans le dos d'un grand soleil d'or, et son cimeterre enrichi de diamants !...

— Ah ! madame la baronne, — fit complaisamment la soubrette, — ce seigneur devait éblouir...

— Il éblouissait, c'est le mot !... — Petite Flore, donne-moi ma parure de sequins... — elle me vient de lui... — je veux la porter aujourd'hui en souvenir de Méhémet !...

Au bout d'un instant, les sequins enchaînés les uns aux autres par des fils d'or s'enroulaient autour des cheveux fort habilement teints de Sylvanire.

Tout en procédant à cette œuvre, la douairière avait modulé une demi-douzaine de soupirs qui en disaient bien long.

La baronne, ayant soupiré suffisamment, quitta son peignoir et revêtit la robe rose dont le corsage audacieusement échancré dévoilait outre mesure l'affligeante ostéologie de ses épaules et de sa poitrine.

Elle se regarda dans la haute glace de sa psyché avec une satisfaction manifeste, et sourit à son image, en se disant, in petto :

— Certes, à dix-huit ans, je n'étais pas plus charmante !...

— J'ai vu de bien jolies femmes dans ma vie, — murmura Flore, et même très entendue, — et cependant je n'ai jamais rencontré de taille qui pût soutenir la comparaison avec celle de madame la baronne.

— Je te crois, je te crois, petite, — répondit Sylvanire.

Puis elle ajouta :

— Voilà ma toilette à peu près achevée — donne-moi des bijoux...

— Lesquels, madame la baronne ?...

— D'abord, le bracelet du colonel...

Flore sourit involontairement et ne bougea point.

— Est-ce que tu ne m'as pas entendue ?

— Pardonnez-moi, madame la baronne.

— Eh bien ?...

— Madame la baronne oublie qu'il existe dans son écrin trois bracelets, de trois colonels... — septième dragons, — royal-allemand, — houzards de Berchini...

— C'est vrai... — répondit la douairière avec un nouveau soupir. — Tu as raison, ma fille... — Je n'oubliais pas, mais j'étais distraite... — Que veux-tu, je songeais à Méhémet-Aly !...

— Lequel des colonels... je veux dire des bracelets, dois-je apporter à madame la baronne ?...

Après un instant d'hésitation, Sylvanire répliqua :

— Apporte-les-moi tous trois...

C'était de l'éclectisme en fait de souvenirs !...

A ce trio de bijoux militaires, la baronne ajouta quelques orfèvreries dont les médaillons renfermaient des cheveux de plus d'une couleur et portaient, gravées ou émaillées sur leurs cassolettes ou sur leurs chaînons, toutes sortes de devises amoureuses dans une demi-douzaine de langues.

On y pouvait lire :

Amor nel cor...

Remember...

Vergiss-mein-nicht...

Et une foule d'autres choses encore, toutes du dernier galant !...

Bref, les écrins de Sylvanire de Lamargelle offraient un congrès européen des grandes et des petites puissances.

Honni soit qui mal y pense !.. Ces bibelots du temps passé représentaient sans doute des tendresses platoniques.

La baronne attacha à son corsage un fort beau camée antique qui venait de Canova. Elle ajouta aux bagues innombrables dont ses doigts étaient constellés un saphir offert jadis par Chérubini, et le grand œuvre de son embellissement se trouva parachevé.

A ce moment précis, les trompes de chasse sonnèrent une fanfare éclatante à une assez faible distance du château.

Sylvanire tressaillit.

— Voici ces messieurs qui reviennent !... — s'écria-t-elle — suis-je bien ainsi, petite Flore ?...

— Si madame la baronne le veut, elle fera tourner toutes les têtes et battre tous les cœurs...

Sylvanire répondit en minaudant :

— Peut-être... si je le voulais... — Mais je ne le veux pas, non, certainement, je ne le veux pas...

Puis, sans transition, elle ajouta :

— Petite, donne-moi l'éventail sur lequel l'illustre David a peint tout exprès pour moi *la Naissance de Vénus* et le *Jugement de Pâris*... — et, certes, le grand artiste me devait bien cela... — j'avais daigné poser une *Sabine* pour son fameux tableau...

— Dans quel costume, madame la baronne ?...

— Dans un costume qui m'allait fort bien... — Petite Flore, votre question est indiscrète.

— Je supplie madame la baronne de me pardonner...

— Je n'y pense plus. — Dis-moi, ma fille, sais-tu quels sont ceux de ces messieurs qui doivent souper ici ?...

— Mais, madame la baronne, tous ceux, je crois, qui sont à la chasse... — M. le marquis de Vezay, M. le comte de Santeuil, le procureur du roi, le receveur général, le docteur Herbelin, le comte et le vicomte de Cussy, et M. Georges de Commarin...

— Georges de Commarin, — répéta la baronne avec un regard langoureux ; — comment le trouves-tu ?...

— Je n'ose exprimer mon sentiment...

— Exprime, petite, — je te le permets, — dis ta pensée.

Eh ! bien, de tous ces messieurs c'est celui que je préfère...

— Tu n'as pas mauvais goût !... — Georges est d'une pâleur si distinguée !... Il a de grands yeux noirs si brillants et si doux qui vous vont à l'âme !.. . — Une tournure exquise, et des moustaches, ah ! quelles moustaches !... Et puis, c'est le héros de cent belles folies !...

— Vraiment, madame ?...

— Sans doute... — ne le savais-tu pas ?

— Mon Dieu, non... — qu'a-t-il donc fait ?...

— D'abord, il s'est ruiné, petite...

— Il me semble que c'est un tort...

— En aucune façon, car sa fortune s'est envolée en toutes sortes de magnificences du meilleur goût... Chevaux splendides, livrées princières, table ouverte, et le reste... — Ses succès en amour ne sauraient se compter, non plus que ses duels... — Il a mis à mal un nombre véritablement infini de femmes mariées du meilleur monde...

— Et les maris, que disaient-ils ?

— Ils se fâchaient... — Georges leur donnait un coup d'épée, et ils ne disaient plus rien... — C'était don Juan, c'était Richelieu, c'était Casanova, Lovelace et Faublas... — enfin, je le trouve charmant, oui, charmant, et je n'en fais point mystère...

Mademoiselle Flore se mit à rire.

— D'où vient ta gaîté, petite ?... — demanda la douairière ; — pourquoi ris-tu ?...

— Parce que je crois que madame la comtesse est tout à fait de l'avis de madame la baronne...

— Ma nièce ?...

— Mon Dieu, oui,

— Elle aurait remarqué Georges ?

— Je l'affirmerais presque...

— Et, qui te fait supposer cela ?...

— Depuis que M. de Commarin vient presque chaque jour au château, madame la comtesse est rêveuse, je la trouve pâlie et préoccupée, et je suis bien sûre que ses yeux, quand par hasard ils se rencontrent ceux de M. Georges, prennent une expression que je ne leur connaissais pas encore...

— Et, voilà tout ?

— Voilà tout.

— Tu te seras trompée, petite... — Ma nièce n'est mariée que depuis quatre ans... Un mariage que j'ai fait moi-même !... — Elle n'a pas encore eu le temps de se lasser de son mari, qu'elle adore... — Il est impossible qu'elle se préoccupe si vite d'un autre homme... — D'ailleurs elle a des principes... d'excellents principes... — Je répondrais d'elle comme de moi... — elle est vertueuse, — je le fus aussi...

— Il y a longtemps de cela !... — murmura mademoiselle Flore en à-parté. — Toutes les femmes commencent par là... — Seulement ça dure plus ou moins...

— Enfin, — poursuivit Sylvanire, — je suis bien aise d'être prévenue... Je vais observer, surveiller, me rendre compte de ce qui se passe... — J'ai beaucoup d'expérience... beaucoup plus qu'on n'en a d'habitude à mon âge. — Rien ne saurait donc m'échapper, et si je m'aperçois que le joli petit cœur de ma nièce s'envole du côté de Georges de Commarin, je donnerai de bons conseils à cette chère enfant... — Je l'engagerai à revenir à son mari, qui est un aimable cavalier, ou du moins à bien prendre ses précautions, de manière à ne troubler que le moins possible le repos de son ménage... — Enfin, je ferai mon devoir...

— Comme toujours, madame la baronne, — répliqua mademoiselle Flore.

— Oui, comme toujours, tu as raison... — Le devoir avant tout !... — voilà ma devise, elle n'a jamais varié, aussi Dieu sait que ma conscience est tranquille et que feu le baron Lamargelle fut un homme heureux... — Ah ! petite Flore, quel excellent mari que feu le baron !... — un cœur d'or !... — il était entouré de vrais amis, et ce qui était à lui était à eux également... — Je l'ai bien regretté, vois-tu, et je crois que je le regrette encore...

Sylvanire fit le geste d'essuyer sur sa joue une larme qui ne songeait point à couler.

Elle défripa en un tour de main les plis de sa jupe de soie rose.

Elle ouvrit et ferma à deux ou trois reprises le bel éventail point par David.

Et enfin, après avoir jeté à la glace de la psyché un dernier regard accompagné d'un dernier sourire, elle sortit de sa chambre d'une façon tout à la fois gracieuse et majestueuse.

III. — HENRY DE TALMAY.

Ainsi que nous le lui avons entendu dire à elle-même, la baronne de Lamargelle avait été la cheville ouvrière du mariage de son neveu, le comte Henry de Talmay, avec mademoiselle Marie de Longecourt.

Aucune circonstance romanesque n'avait d'ailleurs présidé à cette union, malgré le caractère ultra-romanesque de Sylvanire.

La baronne était liée intimement avec le vieux marquis d'Espoisses, oncle et tuteur de Marie de Longecourt, orpheline. — Le nom du marquis tenait une place honorable dans la longue nomenclature des *souvenirs* que nous connaissons.

L'enfance et la première jeunesse de Marie se passèrent au Sacré-Cœur.

Quand elle eut atteint sa dix-huitième année, son tuteur la retira du couvent, la mit en quelque sorte à la tête de sa maison et la conduisit dans le monde.

Madame de Lamargelle la trouva charmante et se prit d'une vive amitié pour elle.

Marie de Longecourt possédait une fortune de cinquante mille livres de rente.

Laide et riche, elle n'eût certes point manqué de prétendants ; — riche et charmante, elle se vit entourée de soupirants aussi nombreux que les grains de sable au bord de la mer.

Son tuteur, le plus facile et le meilleur des hommes, la laissait parfaitement libre de faire un choix, pourvu que ce choix fût convenable sous le double rapport de la naissance et de la fortune.

Marie, fatiguée d'hommages, étourdie par la continuelle vapeur de l'encens qu'on brûlait sur ses autels, ne se décidait point et n'avait qu'un désir, celui de congédier tous ses adorateurs.

Le marquis, convaincu que rien ne pressait, et sachant à merveille que les quémandeurs matrimoniaux ne manqueraient jamais, se prêtait volontiers aux désirs de la jeune fille et répondait uniformément la phrase consacrée :

— Votre demande nous honore ; mais ma nièce est si jeune... — elle se regarde véritablement comme une enfant et ne songe pas au mariage...

Sylvanire de Lamargelle dit un jour à M. d'Espoisses :

— Mon cher marquis, vous ne pensez donc point à marier votre charmante pupille ?

— J'y songe, au contraire, excellente amie, j'y songe beaucoup.

— Eh bien ?...

— Marie résiste ; — elle se prétend heureuse auprès de moi et ne veut pas entendre parler de changer d'état...

— En d'autres termes, son petit cœur reste silencieux et ne se révèle point encore...

— Voilà, sans aucun doute, la vraie raison de ses refus.

— Mon cher marquis, j'ai l'intention de me mettre sur les rangs.

— Vous, baronne ! — répliqua M. d'Espoisses en riant.

— Moi-même, dans la personne d'un neveu que je possède en Bourgogne.

— Votre neveu sera le bienvenu. — Puis-je vous demander son nom ?

— Il s'appelle le comte Henry de Talmay.

— Excellente noblesse !...

— La première de la province, tout simplement.

— Son âge ?

— Trente ans.

— Sa fortune ?

— Presque égale à celle de votre nièce. — Quarante mille livres de rente, dont il jouit, car il a perdu depuis plusieurs années son père et sa mère, et dont il est fils unique. — J'ajouterai que le château de Talmay est une habitation presque princière.

— Et lui, votre neveu, comment est-il ?

— L'homme du monde le plus charmant et le plus distingué qui se puisse imaginer...

— Savez-vous, baronne, que tout ceci me paraît constituer un parti très-excellent et très-acceptable...

— Alors, acceptez-le.

— Vous savez bien que cela ne dépend pas absolument de moi ; mais ce que je puis vous affirmer, c'est que si M. de Talmay plaît à Marie, je donne d'avance mon consentement.

— Et moi je prends acte de cette bonne parole.

— Votre neveu n'est point à Paris ?

— Non ; mais il y sera dans huit jours. Je vais lui écrire par le plus prochain courrier, en lui mandant que j'ai besoin de lui sur-le-champ, mais sans lui dire de quoi il s'agit...

— Craignez-vous donc que l'idée du mariage le trouve hostile ?

— Je l'ignore ; mais j'ai la certitude que cette hostilité, si elle existe, se changera en un sentiment tout différent, aussitôt qu'Henry aura vu Marie...

— Faites donc, et dans huit jours amenez-nous M. de Talmay. — Quoi qu'il advienne, il sera le bienvenu dans la maison de votre vieil ami.

Madame de Lamargelle écrivit le soir même.

Immédiatement après avoir reçu la lettre de sa tante, M. de Talmay prit la malle-poste et arriva à Paris.

Quelques mots sont ici nécessaires sur ce personnage, l'un des principaux de notre récit.

Le comte Henry, nous le savons, avait alors trente ans ; — il était de taille moyenne et d'une apparence presque frêle ; mais ses membres, qui semblaient débiles, cachaient une prodigieuse vigueur musculaire. — Henry faisait vingt lieues à cheval, et chassait à pied, pendant des journées entières, sous les chauds rayons du soleil de septembre, sans éprouver la moindre fatigue. — On l'avait vu lutter corps à corps contre un bûcheron de taille et de force herculéennes qui, se cachant dans les bois après avoir commis un meurtre, vivait de déprédations et de rapines, répandait la terreur dans la contrée et ne se montrait jamais qu'armé d'une cognée lourde et tranchante.

La gendarmerie le traquait vainement depuis plus d'un mois.

Le comte, à cheval, accompagné d'un piqueur, rencontra ce misérable et lui cria de se rendre.

Le bûcheron ne répondit que par des menaces et des blasphèmes.

M. de Talmay mit pied à terre, s'élança sur lui, lui arracha sa cognée, le renversa, étranglé à demi et râlant, lui lia les pieds et les mains avec les sangles de la selle du piqueur, et le jetant en travers, comme un sac de blé, sur le dos de son cheval, le conduisit jusqu'au poste de gendarmerie le plus voisin.

Cet acte de merveilleux courage avait valu au comte, âgé de vingt-sept ans à cette époque, la croix de la Légion d'honneur.

Les formes délicates du jeune homme, la pâleur à peine rosée de son visage, ses cheveux d'un blond doré et ses yeux d'un bleu très-clair, ajoutaient d'ailleurs à la distinction de sa personne.

Tout en lui décelait les caractères irrécusables du *pur-sang*, comme on dit en termes de Stud-Boock.

M. de Talmay appartenait à une antique et très-illustre maison, dont le nom se trouve à chaque page dans l'histoire du duché de Bourgogne.

Un comte de Talmay combattait à Granson et à Morat, à côté de Charles le Téméraire.

Le comte Henry était fier de la grandeur incontestable et incontestée de sa race et ne se montrait point exempt d'une morgue aristocratique assez rare à notre époque, où la supériorité de naissance a perdu la meilleure partie de son prestige et où l'on n'estime guère les hommes pour le nom qu'ils portent, mais seulement pour la valeur qu'ils donnent à ce nom.

Ce dernier descendant des compagnons et des capitaines des ducs de Bourgogne n'était point, d'ailleurs, un personnage insignifiant.

Son énergie morale et sa force de volonté égalaient sa vigueur corporelle. — Aucun obstacle n'aurait été capable de le faire plier ou reculer, lorsqu'il avait résolu d'arriver à un but.

L'occasion ne s'était jamais présentée pour lui d'employer ces facultés rares de volonté et d'énergie à des choses utiles et remarquables, et c'était dommage, car dans ce gentilhomme campagnard, grand propriétaire et chasseur intrépide, il y avait l'étoffe d'un de ces hommes d'élite qui ne passent point inaperçus de ce monde.

Fort mal élevé par son père, qui ne mettait pas en doute qu'un Talmay en sût assez lorsqu'il savait monter à cheval comme un centaure, nager comme un triton, tirer l'épée comme le chevalier de Saint-Georges, boire comme le duc de Bassompierre et mettre une balle à soixante pas dans l'œil d'un sanglier, le jeune comte avait fait à lui seul son éducation.

Grâce aux livres de la vieille bibliothèque, il possédait des connaissances, sinon bien profondes, du moins extrêmement variées. — Membre du conseil général, et regardé dans toute la Bourgogne comme un homme supérieur, il recevait universellement l'assurance que s'il jugeait à propos de se mettre sur les rangs pour la députation, son élection était assurée d'avance.

— Je suis trop jeune encore pour être ambitieux, — répondait-il en souriant.

Et il continuait à chasser, sans se préoccuper le moins du monde de l'horizon politique qui commençait à se rembrunir, car 1830 était proche.

Henry de Talmay passait huit mois de l'année dans ses terres, et quatre dans son hôtel de Dijon.

A la ville comme à la campagne il tenait table ouverte et voyait bonne compagnie. — Sa position de célibataire ne permettant point aux femmes du monde l'entrée de sa maison, il ne recevait que des hommes, appartenant presque tous à l'aristocratie de la province. — Quelques exceptions avaient lieu, cependant, en faveur de roturiers d'un mérite réel.

Le comte allait rarement à Paris, et ses séjours dans la grande ville se prolongeaient peu. — Les hautes futaies du château de Talmay et la flèche aiguë de Sainte-Bénigne exerçaient sur lui d'irrésistibles attractions. — La voix de ses chiens et les fanfares de ses trompes de chasse lui semblaient une musique bien supérieure à l'orchestre de l'Opéra ou des Italiens.

Les mœurs du jeune homme étaient d'une irréprochable et invraisemblable pureté que la plupart de ses compagnons habituels ne comprenaient guère et qu'il nous paraît utile d'expliquer.

Henry de Talmay n'avait ni les passions moins vives, ni le sang plus glacé que ses amis, mais il se distinguait d'eux par une délicatesse singulière et par une incomparable loyauté. — Sa délicatesse lui faisait ressentir pour les amours faciles et les tendresses vénales une profonde et insurmontable répugnance. — Sa loyauté lui inspirait l'horreur et le mépris de toute séduction, de toute trahison. — Tromper une jeune vierge lui semblait infâme. — Détourner de ses devoirs une femme mariée, constituait à ses yeux un crime indigne de toute pitié. — Il avait, pour flétrir l'adultère, des paroles pleines d'une sauvage et implacable énergie. — Son indignation chaleureuse ne lui permettait même point d'admettre ces plaisanteries gauloises qui,

depuis les vieux conteurs jusqu'à nos jours, en passant par Molière et par La Fontaine, ont choisi, à toutes les époques, les maris trompés pour point de mire.

Un jour, un de ses amis l'accusa de ne feindre une susceptibilité si grande à l'endroit des galants péchés, qu'afin de mieux cacher son jeu et de dissimuler une mystérieuse intrigue avec quelque belle châtelaine du voisinage.

Henry s'emporta et déclara qu'il se regardait comme insulté par une semblable supposition.

L'imprudent railleur voulut prendre cette colère en riant, mais il ne tarda guère à avoir la preuve que rien n'était plus sérieux.

Le jeune comte répondit à ces plaisanteries par une provocation en règle, le conduisit sur le terrain, malgré les efforts conciliants des témoins de l'altercation, et lui donna dans l'épaule un grand coup d'épée qui le tint au lit pendant six semaines.

Quelques mots suffiront pour compléter l'esquisse rapide que nous venons de tracer des principaux traits de notre personnage.

Malgré son équité chevaleresque, Henry de Talmay n'était aimé ni de ses serviteurs, ni de ses fermiers, ni des paysans de ses domaines. Voici pourquoi : — Le jeune homme, très-entier et très-absolu dans ses idées, nous le savons, regardait l'indulgence comme une coupable faiblesse, comme une sorte de prime d'encouragement donnée à la mauvaise conduite. — Il n'accusait, ou du moins il ne condamnait jamais injustement, mais, une fois que la culpabilité lui paraissait évidente et incontestable, il se montrait inflexible, il n'ajoutait aucune foi au repentir, et le mot *pardon* n'avait pas de sens pour lui.

On l'avait vu renvoyer impitoyablement, à la suite d'une faute qui cependant n'offrait rien de bien grave, un vieux domestique depuis quarante ans au service de sa famille.

Son inflexibilité, dans cette dernière circonstance et dans plusieurs autres, devait faire croire et fit croire en effet à une réelle dureté de cœur, à une sorte de cruauté.

Henry cependant n'était point cruel, mais, par une disposition invincible de son esprit, il envisageait la sévérité comme un devoir et il se disait que celui qui pouvant châtier une faute ne le fait pas, se rend complice de cette faute.

Il me semble que nous avons à peu près tout dit et que nos lecteurs peuvent désormais se former une idée générale du caractère qui, dans la suite de ce récit, se développera devant eux.

Le comte de Talmay descendit à l'hôtel Meurice, s'habilla, prit une voiture et se fit conduire chez madame de Lamargelle.

— Ma chère tante, — lui dit-il en entrant, — vous m'avez écrit que vous m'attendiez... — je n'ai perdu ni une heure, ni une minute, — me voici...

— Ton exactitude m'enchante d'autant plus, — répondit Sylvanire, — que c'est dans ton propre intérêt que tu viens d'agir...

— Comment cela?...

— Faut-il te dire tout nettement la chose, mon cher neveu, ou prendre des détours?

— Les plus droits chemins sont les plus courts et les meilleurs.

— Alors, j'aborderai la question sans périphrases et sans réticences.

— Je vous en prie, — de quoi s'agit-il?

— Veux-tu te marier? voyons, parle...

Henry fit un mouvement de surprise.

— Me marier!... — répéta-t-il.

— Oui.

Le jeune homme garda le silence et prit un air rêveur.

— A quoi penses-tu? — demanda Sylvanire.

— A votre question, chère tante.

— J'ai parlé carrément; réponds-moi de même. — Veux-tu te marier?...

— Cela dépend...

— De quoi?

— De beaucoup de choses.

— Lesquelles?...

— D'abord, de la femme que vous avez à me proposer...

— Naturellement, — mais il me semble que tu me comprends mal... — Je ne serais point dans mon bon sens si je te questionnais au sujet d'une personne que tu ne peux connaître. — Je te demande tout simplement si tu acceptes, en thèse générale, l'idée d'un mariage?...

— Eh bien! oui, je l'accepte. — J'ai trente ans. — La solitude commence à me peser, et d'ailleurs je ne veux pas que le nom de mes ancêtres s'éteigne avec moi...

— Bravo!... — c'est tout ce qu'il me fallait. — Je crois maintenant que rien ne m'empêche de m'occuper de la toilette que je porterai le jour de tes noces...

— Chère tante, — répliqua M. de Talmay en riant, — il me semble que vous chantez victoire un peu vite...

— Non pas!...

— Songez que je vous ai répondu affirmativement au sujet du mariage, mais nullement à celui de la femme que vous m'offrez...

— Si j'avais trouvé chez toi des idées de célibat tout à fait enracinées, la femme que je t'offre aurait opéré bien vite et bien facilement ta conversion...

— Ah çà, mais, c'est donc une merveille?...

— Tu as dit le mot, c'est une merveille.

— Vous savez que je suis extrêmement difficile...

— Tu en as le droit.

— Je tiens à ce que la jeune fille qui portera mon nom et parta-gera ma vie se trouve dans certaines conditions dont la réunion est infiniment rare.

— Voyons ces conditions.

— Je vais vous paraître ridicule...

— En aucune façon. — Parle vite.

— D'abord, la naissance...

— Sa naissance vaut la tienne.

— J'ai trente ans; — je désire qu'elle n'en ait pas plus de vingt.

— Elle en a dix-huit.

— Je veux qu'elle soit jolie.

— Elle est belle comme un ange.

— Je n'accepterais point une famille importune prétendant prendre un pied chez moi et garder sur ma femme une influence qui doit cesser aussitôt après le mariage...

— La chère enfant est orpheline.

— Je souhaite que la fortune de ma femme soit à peu près égale à la mienne, non pas pour moi, je suis assez riche, mais pour les enfants à venir qui peuvent être nombreux...

— Elle est plus riche que toi... — Es-tu au bout de tes conditions?

— Pas encore...

— Mon cher neveu, la liste est bien longue!...

— Il me semble que, jusqu'à présent, vous avez eu réponse à tout.

— C'est vrai... Continue.

— Vous savez que, tout en vivant largement, en bon gentil-homme, j'ai des goûts simples; — j'aime la province et je ne me déciderais point à venir passer mes hivers à Paris dans le tourbillon du grand monde... — il est donc indispensable, dans l'intérêt de la paix et de l'union du mariage, que les goûts et les désirs de ma femme soient conformes aux miens...

La jeune comtesse était en proie à un anéantissement complet. (Page 11.)

— Ta fiancée (je crois pouvoir l'appeler ainsi) recevra comme une cire molle toutes les empreintes qu'il te plaira de lui donner... elle n'aura d'autres volontés que les tiennes...

— Enfin — (et ceci est la dernière et la plus importante des con-ditions que la femme que j'épouserai doit réunir), — il faut que son éducation et ses principes moraux et religieux me soient une sûre garantie qu'elle n'aimera jamais que moi...

Madame de Lamargelle ne put s'empêcher de se dire à elle-même :

— Quelle fatuité!... les jeunes hommes de ce temps-ci ont vérita-blement des prétentions extravagantes!...

Mais la bonne dame garda pour elle seule cette réflexion inquié-tante et se hâta de répondre :

— Ta fiancée sort du Sacré-Cœur, où elle édifiait par sa piété, non-seulement ses compagnes, mais ses maîtresses... Eh bien ! mon neveu, qu'en penses-tu?...

— Je veux, chère tante, que vous aviez raison de me promettre une merveille...

— Bah! tout ce que tu viens d'entendre est de beaucoup au-des-sous de la réalité...

— Et.... ce trésor s'appelle?

— *Marie de Longecourt*... — La famille te paraît-elle conve-nable?

— Ainsi que vous m'en aviez prévenu tout à l'heure, elle vaut la mienne et c'est tout dire... — Quand me présenterez-vous?

— Ce soir.

IV. — SYLVANIRE ET MARIE.

Sylvanire ne s'était point exagéré l'effet que devait produire sur Henry de Talmay la charmante nièce du marquis d'Espoisses.

Le gentilhomme bourguignon fut irrésistiblement séduit dès la première heure, non-seulement par la beauté et par la grâce, mais encore et surtout par la candeur et par la simplicité de la jeune fille.

— Eh bien? — fit madame de Lamargelle en quittant l'hôtel du marquis.

— Vous aviez raison, ma tante, — répondit Henry, — je me sens tout prêt à aimer mademoiselle de Longecourt, et je crois qu'être aimé d'elle serait le bonheur.

— Alors, ton bonheur est assuré.

— Pensez-vous donc que Marie m'aimera?...

— Il est impossible qu'elle ne t'aime pas, et je crois être en me-sure de te promettre que ton attente sera de courte durée.

La baronne disait vrai.

Par la force des choses, Henry ne pouvait manquer de l'emporter sur tous ses rivaux, dont aucun, nous le savons déjà, n'était d'ailleurs bien sérieux.

Les nombreux aspirants à la main de l'héritière ne faisaient que passer pour disparaître presque aussitôt.

Marie les entrevoyait au milieu d'un bal ou d'un raout; — à peine, dans l'intervalle des figures du quadrille, ou entre deux tasses de thé, les entendait-elle formuler prétentieusement, les bras arrondis et la bouche en cœur, quelques-unes de ces phrases banales et toutes faites, lieux communs invariables, les seuls qui se puissent échanger entre un danseur et sa danseuse, quand la danseuse est une jeune fille et que le danseur lui parle pour la première fois de sa vie.

Certes, ceci était insuffisant pour produire une impression, même légère, sur un cœur de dix-huit ans.

Henry de Talmay, au contraire, exceptionnellement favorisé, fut admis dans l'intimité du marquis d'Espoisses, et par conséquent dans celle de Marie.

Il vécut en quelque sorte de leur vie; — il vint chaque jour à l'hôtel et fut toujours reçu; — il accompagna partout le tuteur et sa

pupille, et bientôt, dans le monde aristocratique, personne ne douta de son prochain mariage avec mademoiselle de Longecourt.

Le marquis et la baronne avaient eu l'habileté de ne pas dire à Marie un seul mot qui pût lui faire soupçonner leurs projets.

Henry, de son côté, courtisait la jeune fille d'une façon qui n'avait rien d'officiel... il ne déclarait point son amour avec l'assurance d'un fiancé qui se sent accepté d'avance; — il avait toutes les timidités charmantes d'un amant bien épris, désirant et tremblant à la fois.

Il jouait ce rôle avec d'autant plus de naturel, qu'il aimait réellement et passionnément.

Le résultat, nous le répétons, ne pouvait être douteux.

Marie se préoccupa bien vite du seul homme dont il lui fût possible de connaître et d'apprécier l'esprit, la distinction, l'élégance.

Elle ne tarda guère à trouver longues les heures passées sans voir M. de Talmay. — Elle comprit alors que sa présence devenait un besoin pour elle. — Son cœur battait au moment de l'arrivée du jeune homme. — Au moment de son départ elle ressentait de vagues tristesses. Elle eut de soudaines rougeurs et des pâleurs adorables.

Marie venait de glisser précipitamment dans son sein le billet fatal. (Page 14.)

Enfin, elle aima Henry, ou, pour mieux dire, elle se persuada qu'elle l'aimait, ce qui dans maintes occasions revient à peu près au même, puisque toujours l'amour commence par une douce illusion qui parfois se transforme en délicieuse réalité, mais parfois aussi n'amène à sa suite qu'amère déception.

Nous croyons que personne au monde ne pourra contester la justesse de cet axiome dont M. de La Palisse lui-même se déclarerait satisfait. — Tout ceci dura deux mois.

Au bout de ce temps, on vit, un matin, une longue file de voitures armoriées se déployer devant le portail de Saint-Thomas-d'Aquin, l'église aristocratique par excellence. Ces voitures avaient préalablement fait une halte dans la cour de la mairie du onzième arrondissement.

Au sortir de l'église, mademoiselle de Longecourt était en face de Dieu et en face des hommes la comtesse Marie de Talmay.

Les fêtes de ce mariage fournirent à madame de Lamargelle une large occasion de toilettes insensées.

Avons-nous besoin de dire qu'elle saisit cette occasion avec un fougueux empressement.

Les jeunes époux demeurèrent pendant une quinzaine de jours à Paris, puis Henry emmena sa femme en Bourgogne.

A partir de cette époque, Sylvanire vint chaque année passer deux ou trois mois d'automne au château de Talmay

Le comte Henry recevait beaucoup de monde. — Les grandes chasses à courre amenaient de continuelles réunions, — les hommes se trouvaient en majorité, et par conséquent la douairière ne s'ennuyait pas.

Nous allons la rejoindre au moment où, sa toilette étant achevée par les bons soins de mademoiselle Flore, elle quittait son appartement, triomphante et radieuse.

Elle traversa d'un pas rapide une large galerie dont un artiste du dix-huitième siècle avait illustré les panneaux de sujets de chasse et de nature morte, dans la manière d'Oudry et de Chardin; — elle franchit comme l'éclair l'antichambre de sa nièce, et, sans se faire annoncer, elle entra dans la chambre à coucher où se trouvait Marie.

Cette dernière ne s'accoudait plus au rebord de la fenêtre.

A demi étendue sur un sopha, dans une pose pleine de nonchalance et d'abattement, la jeune femme tenait à la main un livre qu'elle ne lisait pas, car sa tête se renversait en arrière et ses yeux regardaient en l'air vers la coupe d'albâtre pleine de fleurs suspendue par une triple chaîne d'argent à la rosace dorée du plafond.

Sans doute sa pensée s'entraînait à son insu dans quelque rêve doux ou triste, bien loin du terre-à-terre de la réalité. — Au moment où la porte s'ouvrit pour laisser entrer madame de Lamargelle, la comtesse Marie tressaillit comme une personne qu'on éveille en sursaut. — Son livre s'échappa de ses mains et elle fit un mouvement pour se lever et pour aller au-devant de la douairière.

Mais Sylvanire ne lui laissa pas le temps de quitter le sopha.

Elle glissa sur le tapis avec une légèreté tout enfantine, elle vint s'asseoir à côté de Marie, lui prit les deux mains, l'embrassa sur le front et, pendant quelques secondes, la regarda avec une persistance singulière.

Sous ce regard perçant et investigateur la comtesse baissa les yeux malgré elle, et, avec un sourire un peu contraint, elle demanda :

— Y a-t-il donc en moi, chère tante, quelque chose qui mérite de fixer à ce point votre attention?...

— Sais-tu, ma nièce mignonne — répondit Sylvanire — que je te trouve un peu bien pâle...

— Je crois, ma bonne tante, que je ne suis ni plus ni moins pâle que de coutume...

— Nenni!... nenni!... chère enfant, je ne me trompe en aucune façon... te voilà blanche comme un lys, et ce n'est pas naturel... à ton âge j'étais blanche aussi, mais j'avais des roses sur les joues.

— Vous étiez bien plus belle que moi... — fit la comtesse, en souriant franchement cette fois ; — vous savez que je n'ai jamais eu de bien vives couleurs...

— Je ne sais pas cela du tout... — je me souviens que, l'an passé, l'incarnat le plus vif se mariait à la neige de ton teint... — Pourquoi la neige est-elle restée seule?...

— Je l'ignore, et je vous affirme que je ne m'en suis jamais aperçue.

— Ta!... ta!... ta!... ma jolie nièce, voilà des histoires qu'il faut conter à d'autres qu'à moi !...—Depuis quand donc une femme jeune et belle ne connaît-elle point son visage et ne sait-elle plus distinguer le blanc du rose ?... — Es-tu souffrante?...

— Je ne me suis jamais mieux portée,

— Bien vrai ?...

— Oui, bien vrai.

— Alors, pourquoi es-tu triste ?...

— Mais, chère tante, je ne suis pas triste.

— Fi! que c'est vilain de mentir nièce !...— d'ailleurs, à quoi bon?... — je n'admets le mensonge que lorsqu'il est utile, et il ne l'est pas avec moi. — Ton sourire et tes hochements de tête ne sauraient me convaincre.— J'y vois clair, ma mignonne, et tes grands beaux yeux en disent long... — ils sont rêveurs et leurs étincelles semblent se noyer dans un nuage humide...

— Illusion, chère tante...

— Non... non... réalité, chère enfant...

— Mais je vous jure...

— Ne jure pas, je n'en croirais ni plus ni moins... — n'as-tu pas confiance en moi ?...

— Vous ne pouvez le penser !...

— Eh bien, sois franche avec ta bonne tante qui t'aime tant... — dis-moi tout... — que se passe-t-il ?...

— Que pourrais-je avoir à vous dire ?..., — il ne se passe rien et je ne comprends pas ce que vous me demandez...

— C'est impossible... — quelque chose est changé dans ta vie...— t'ennuies-tu ?...

— Pas le moins du monde,

— On s'ennuie quelquefois sans le savoir... — j'ai passé par là... — les heures semblent s'allonger — les distractions deviennent fades — on n'a plus de plaisir à rien — les nerfs s'agacent — on s'irrite de la moindre chose et l'on s'enferme pour pleurer... — éprouves-tu quelques symptômes pareils à ceux-là ?...

— Non.

— Ton mari a-t-il des torts avec toi ?...

— Mon mari !... — s'écria la jeune femme, — comment cela pourrait-il se faire et pourquoi donc en aurait-il?

— Comment ? pourquoi ?... — Oh! naïveté de l'âge d'or!... Mais, chère petite, en thèse générale, les maris ont toujours des torts... — Certes, feu le baron de Lamargelle était un brave digne homme, je rends pleine justice à sa mémoire ; de temps à autre je pense à lui, et jamais, dans l'occasion, je ne manque d'accorder à sa cendre une larme et un soupir... — et cependant, je puis l'affirmer que plus d'une fois il ne m'apprécia pas comme je méritais de l'être...

— Oh ! non !... — Les hommes sont ainsi... — le meilleur ne vaut pas grand'chose...

— Je vous assure que vous vous trompez et qu'Henry est excellent.

— Ta! ta! ta!... — interrompit Sylvanire ; — je vois que tu n'oses me parler à cœur ouvert, parce qu'Henry est mon neveu et que tu me supposes disposée peut-être à le soutenir contre toi... — Ceci serait une grosse erreur, chère petite. — Les femmes se doivent aide et protection, et j'abandonnerais sans hésiter tous les neveux du monde pour prendre ton parti, ma mignonne... — Ainsi, tu vois que tu peux parler en toute liberté et m'exposer catégoriquement tes griefs...

— Je ne demanderais pas mieux, chère tante, car je sais combien vous êtes bonne et combien vous m'aimez ...— répondit Marie. — Mais les griefs que vous supposez n'existant en aucune façon, comment pourrais-je les mettre sous vos yeux?...

Sylvanire fit un geste d'étonnement, puis elle reprit :

— Comment, ton mari ne te donne pas le moindre sujet de plainte, au bout de quatre ans de mariage?

— Pas le moindre.

— C'est prodigieux !... c'est inouï !... — c'est invraisemblable !... il est le même avec toi que le premier jour?

— Oui.

— Sous tous les rapports ?

— Sous tous les rapports.

— Sa tendresse n'a point diminué ?

— Non.

— La brusquerie, la grossièreté masculines n'ont remplacé ni les expansions, ni les délicates galanteries de la lune de miel?

— Tel Henry était il y a quatre ans, tel il est aujourd'hui.

Madame de Lamargelle eut un mouvement d'incrédulité.

— Ainsi — continua-t-elle au bout d'un instant — ainsi, ma nièce mignonne, tu gardes toutes tes illusions?... — aucune déception n'est survenue ?... — l'idéal de bonheur rêvé par toute jeune fille s'est conservé intact pour toi ?...

Pendant le quart d'une seconde, Marie hésita.

Cependant elle répondit, mais avec moins d'assurance qu'elle n'en avait montré jusque-là :

— Oui, ma tante.

Sylvanire leva ses mains vers le plafond.

— Vertu de ma vie !... — s'écria-t-elle, — voilà une femme heureuse!... — il n'existait, il ne pouvait exister sous le ciel qu'un seul mari parfait, et c'est à elle qu'il est échu !... — Quand je songe que, grâce à moi, s'est accompli cette union phénomène, il me prend une envie folle de m'élever quelques autels et de brûler en mon honneur deux ou trois grains d'encens !...

Puis, quittant le ton dithyrambique et un peu railleur qu'elle venait de prendre, la baronne ajouta sans transition, et comme si elle eût formulé la chose du monde la plus simple :

— Je vois ce que c'est, chère petite, — la situation devient pour moi claire comme le jour et l'évidence me saute aux yeux ; — tu n'aimes plus ton mari...

La pâleur de la comtesse, cette pâleur dont avait parlé Sylvanire au début de l'entretien que nous rapportons, devint tout à coup livide.

— En même temps la jeune femme dégageait vivement ses mains de celles de la douairière.

— Ah ! ma tante — murmura-t-elle avec une sorte d'épouvante — que venez-vous de dire?...

— La vérité, mon enfant, la vérité...

— Moi, ne plus aimer Henry!... y songez-vous, ma tante ?...

— Certainement, j'y songe, et je vais te prouver que j'ai raison d'y songer. — Tu es jeune, tu es belle, tu es riche, tu jouis d'une liberté complète, tu possèdes un mari que tu te plais à déclarer irréprochable, et au lieu d'être joyeuse comme une fauvette au printemps, et même un peu folle, ainsi que je n'aurais pas manqué de l'être à ta place, tu es rêveuse, triste, absorbée, mélancolique... — Or, dans la position où tu te trouves, cette réserve, cette tristesse, ne peuvent avoir que deux causes, l'amour qui s'en va, ou l'amour qui vient... — choisis...

Marie baissa la tête et ne répondit pas.

Sylvanire eut un malin sourire sur ses lèvres peintes au carmin.

Au bout d'une seconde elle reprit :

— Tu ne gardes pas le choix... — tu gardes le silence... — je parlerai pour toi, chère mignonne. — Je lis au fond de ton petit cœur aussi facilement que dans un livre ouvert ; — les deux causes de mélancolie que je viens de signaler s'y trouvent réunies. — L'amour s'en va et l'amour arrive... — tu n'aimes plus ton mari et... et tu es en train d'en aimer un autre...

Marie, en entendant ces dernières paroles, se leva ou plutôt bondit du sopha sur lequel elle était assise.

Sa pâleur avait disparu ; un nuage d'une pourpre violente couvrait son pur et beau visage.

— Oh! madame — balbutia-t-elle d'une voix que l'émotion rendait tremblante et presque indistincte — que vous ai-je donc fait et comment ai-je pu mériter ces soupçons insultants?...

— Allons, bon ! — s'écria madame de Lamargelle — voilà que tu te fâches!... voilà que tu m'appelles madame!... — voilà que tu doutes de la tendresse de cette bonne tante Sylvanire qui t'aime cependant de tout son cœur!... — Calme-toi, chère nièce mignonne, reviens t'asseoir à côté de moi et causons comme deux vraies amies.

En même temps elle saisit la main de la jeune femme qu'elle contraignait avec une douce violence à se rasseoir à côté d'elle, et qu'elle embrassa à plusieurs reprises.

Marie ne résistait point à ces caresses, mais elle restait muette, dans une attitude désolée, et deux grosses larmes se suspendaient comme deux perles au bord de ses longs cils recourbés.

— En vérité, belle petite, — continua la douairière — tu me vois bien surprise et bien triste de penser que je t'ai causé du chagrin... — foi de baronne, rien au monde n'était plus loin de mon intention... — qu'ai-je donc pu te dire, mon doux trésor, pour te faire prendre ainsi la mouche?...

— Vous m'avez dit, d'abord, que je n'aimais plus Henry.
— Et je suis bien forcée de le répéter, puisque c'est la vérité vraie.
— Vous m'avez dit, ensuite, que j'allais en aimer un autre...
— Je ne le répéterai pas si tu veux, et cependant ma seconde affirmation n'est pas moins exacte que la première...
— Ainsi, vous persistez ?...
— Sans doute ; et si tu voulais être franche avec moi, tu conviendrais que j'ai raison.
— Jamais !...
— Bah ! dans ton âme et conscience, tu sais bien à quoi t'en tenir.
— Quoi ! encore cette odieuse accusation !...
— Mais, ma pauvre petite tourterelle, je n'ai nulle envie de t'accuser... — Me prends-tu par hasard pour une duègne espagnole bien sévère et bien farouche, épiant jour et nuit, afin de les dénoncer au jaloux, les jolis rêves d'un jeune cœur. — Il n'en est rien, absolument rien, ma mignonne... — Je suis l'indulgence incarnée. — Personne au monde n'a jamais compris l'amour mieux que moi et ne ressent plus d'intérêt pour les douces blessures que font ses flèches acérées. — On n'est point libre d'aimer ou de ne pas aimer, va, mon enfant, je le sais bien... — D'ailleurs, je suis à mille lieues de l'accusation et du soupçon... — Je connais tes principes, — je garantirais ta vertu, — je répondrais de toi, corps pour corps ; — mais une femme est-elle moins honnête, moins digne d'estime et de respect parce que, sans le vouloir, sans le savoir peut-être, elle a distingué quelqu'un ? — ma mignonne, je n'en crois rien... — le cœur est plus fort que la volonté, lorsqu'il parle, il faut bien l'entendre.
— Mais, ma tante, quand on a juré devant Dieu d'aimer son mari et de n'aimer que lui, le cœur n'a plus le droit de parler...
— Il ne l'a pas, mais il le prend.
— Le premier de tous les devoirs, ce me semble, est de lui imposer silence...
— C'est facile à dire, mais c'est difficile à faire... — Le cœur ressemble aux enfants rebelles... — plus on leur enjoint de se taire et plus ils élèvent la voix.
— Mais alors, si toute résistance est inutile, faut-il donc s'abandonner passivement aux rêveries d'un amour coupable ?
— Il faut lutter au contraire, lutter de toutes ses forces (c'est indispensable pour le repos de la conscience), — mais cela ne sert absolument à rien...
— Eh quoi, la résistance est vaine ?
— Généralement.
— Mais alors, à quoi sert de combattre contre soi-même ?
— Je viens de te le dire ; cela sert à n'avoir rien à se reprocher lorsque le moment de la défaite est venu... — La défaite, mon enfant, est chose pareille alors qu'un petit corps d'armée attaqué par de gros bataillons et qui fait bonne contenance jusqu'à l'heure où des forces supérieures le contraignent à capituler honorablement.
— Oh ! ma tante, je voudrais ne pas vous croire.
— Et... pourquoi ?...
— Parce que votre morale est horriblement décourageante... — Comment garder des forces pour le combat si la défaite est d'avance assurée ?... — Je suis bien jeune, j'ai peu d'expérience, mais il me semble que tels ne sont pas les conseils que je devrais recevoir de vous...
— Ma nièce mignonne, — répliqua Sylvanire avec une dignité magnifique, — je ne saurais te donner que de bons conseils, et si tu en doutes, c'est que tu n'as pas bien compris... — Ma morale est d'une inattaquable pureté, et je vais, si tu veux, te le prouver par un exemple où tu seras toi-même en jeu...— Donc, je prétends, et tu ne saurais me contredire, que la maîtresse d'empêcher ton cœur de s'envoler vers un beau jeune homme, M. de Commarin, je suppose, mais qu'il dépend tout à fait de toi que M. de Commarin ne connaisse jamais son bonheur... — Il est impossible, quoi qu'on fasse, de résister à l'amour, qui est un dieu ; mais il est possible, avec beaucoup de courage, de résister à l'amant, qui n'est qu'un homme, et c'est tout ce qu'il faut pour la plus grande gloire de la femme et pour le plus complet repos du mari...

Madame de Lamargelle aurait pu continuer pendant longtemps encore l'étalage de ses maximes saugrenues et subversives, dont elle ne comprenait en aucune façon l'effroyable immoralité.

Rien ne serait venu l'interrompre.

Marie ne l'écoutait plus.

Depuis le moment où la douairière avait prononcé le nom de M. de Commarin, la jeune comtesse était en proie à un anéantissement profond. — Tout le sang de son corps refluant vers le cœur rendait son visage livide comme un masque de cire vierge. — Sans les battements précipités de ses paupières et sans le tremblement de ses mains, on aurait pu la croire évanouie ou morte.

Étonnée de ne recevoir aucune réponse, Sylvanire regarda sa nièce avec plus d'attention et s'aperçut des symptômes de prostration complète que nous venons de signaler.

Marie chancelait et semblait au moment de perdre l'équilibre et de tomber sur le tapis.

— Eh bien ! eh bien !... qu'as-tu donc, ma mignonne chérie ? — s'écria la douairière, en enlaçant de ses bras la jeune femme et en

l'appuyant contre sa poitrine au risque de friper le corsage *bouillonné* de sa robe rose. — Marie, mon enfant, est-ce que tu te trouves mal ?...

Madame de Talmay ferma les yeux, poussa un long soupir et perdit connaissance.

En face de l'évanouissement si imprévu de sa nièce, Sylvanire fut au moment de pousser de grands cris, d'agiter les sonnettes et d'appeler au secours.

Mais elle réfléchit bien vite qu'il deviendrait alors nécessaire de donner quelque explication plausible d'une crise à peu près inexplicable, et elle prit le parti de ne recourir à l'aide de personne.

En conséquence, elle disposa de tout à l'heure les coussins du sopha sous la jolie tête blonde et pâle de la comtesse, — elle alla prendre dans l'un des meubles de son appartement un flacon de sels anglais d'une grande violence, et elle approcha ce flacon des narines contractées de la jeune femme.

Marie, au bout de quelques secondes, fit un faible mouvement et ouvrit les yeux.

En même temps, et avec l'instantanéité de l'étincelle électrique, la pensée et le souvenir lui revinrent à la fois.

— M. de Commarin... — balbutia-t-elle en fondant en larmes, — oh ! ma tante ! ma tante, pourquoi donc avez-vous prononcé ce nom ?

— Nous parlerons de cela tout à l'heure, — mon cher amour, — répliqua madame de Lamargelle ; — mais d'abord, dis-moi, comment te trouves-tu ?...

— Je suis bien... tout à fait bien.... — ce n'était qu'une faiblesse passagère... — Je vous en supplie, répondez-moi... — Pourquoi donc avez-vous prononcé ce nom ?

— Par la raison du monde la plus simple...—Georges de Commarin est sans contredit le plus beau, le plus charmant, le plus distingué, le plus remarquable, le plus poétique, le plus *idéal* enfin, des jeunes gens qui fréquentent ce château, et naturellement j'ai dû supposer que tu n'avais pu voir ses rares qualités sans les remarquer, et, les remarquant, que conserver ton indifférence était invraisemblable... — Me suis-je trompée, petite nièce ?...

Marie cacha son visage baigné de larmes dans les caverneuses profondeurs de la poitrine décolletée de la douairière.

— Chère tante, — fit-elle d'une voix si basse que madame de Lamargelle devina ses paroles plutôt qu'elle ne les entendit, — vous êtes cruelle... bien cruelle... vous êtes sans pitié.

— Et pourquoi donc cela, chère petite ?

— Parce que vous me demandez ce que je ne voulais pas m'avouer à moi-même... vous me contraignez à regarder dans mon cœur... et ce que j'y vois m'épouvante...

Sylvanire sourit.

À la suite de deux chocs successifs et imprévus, une réaction complète venait de s'opérer dans l'esprit et dans la volonté de madame de Talmay.

La pauvre enfant, brisée et énervée, manquait désormais de force pour la résistance ; — autant, jusqu'à cette heure, elle avait été muette et concentrée, et se reployant sur elle-même comme une sensitive, autant elle allait devenir expansive et prête aux aveux.

— Ma nièce mignonne, — dit vivement la douairière pour l'encourager dans cette voie, — je le sais par expérience, il est dans la vie des choses qu'on voudrait pouvoir avouer à soi-même et qu'on verse avec bonheur dans le sein d'une amie prudente, sûre et dévouée comme la chère tante Sylvanire, et rien, par exemple, que l'on voudrait pouvoir avouer à soi-même et qu'on n'en verse avec bonheur dans le sein d'une amie prudente, sûre et dévouée comme la chère tante Sylvanire, rien, par exemple d'idée comme ça soulage !... — Un secret partagé n'est plus un fardeau... surtout un secret de cœur... — Allons, belle petite, dis-moi tout... tu verras comme tu te sentiras joyeuse ensuite...

Et la vieille baronne embrassa tendrement la jeune comtesse.

V. — UNE IMPRUDENCE.

— Que puis-je vous dire, ma tante, que vous ne sachiez déjà ? — balbutia Marie.

— Comment, comment, que je ne sache ? — s'écria la douairière — mais, ma mignonne, je ne sais rien, exactement rien !...

— Vous en savez aussi long, et plus long que moi, puisque vous avez lu dans mon cœur, où je ne lisais pas moi-même...

— Sans doute, ma chère, sans doute... mais ce n'est point tout à fait de cela qu'il s'agit. — Voyons, que s'est-il passé ?... — de quelle façon cet amour a-t-il pris naissance ?... — que t'a dit Georges ? — par quel moyen ingénieux et galant t'a-t-il fait le premier aveu de sa flamme, et que lui as-tu répondu ?...

— Oh ! ma tante, — demanda vivement la jeune femme effarouchée par cette avalanche de questions — que supposez-vous donc ?...

— Je ne suppose pas la moindre chose, ma tourterelle, et j'attends que tu m'aies raconté les faits pour savoir à quoi m'en tenir. — Commence par le commencement, c'est-à-dire, par la déclaration de Georges.

— Mais, ma tante, M. de Commarin ne m'a jamais dit qu'il m'aimait...

— Il te l'a écrit, alors ?...

— Non, ma tante...

— Enfin, ses yeux te l'ont fait comprendre avec éloquence?...

— Son regard n'a jamais rencontré le mien... Lorsqu'il me regardait, je me hâtais de baisser les yeux.

— Dans ce cas, comment sais-tu donc que cet aimable jeune homme éprouve à ton endroit un impétueux amour ?

— J'ignore absolument cet amour et j'espère de tout mon cœur qu'il n'existe pas...

— Tu espères n'être point aimée ! — murmura la douairière stupéfaite.

— Oui, ma tante.

— Et pourquoi ?...

— Ce serait un malheur pour M. de Commarin de s'attacher à une femme qui n'est pas libre et qui ne pourra jamais lui appartenir...

— Sans doute... sans doute... — fit Sylvanire avec un grand fonds de désappointement, car la bonne dame avait compté sur l'affriolant récit d'une intrigue en règle, — je t'approuve fort, ma nièce mignonne, et voilà des sentiments qui te font le plus grand honneur et qui me paraissent tout à fait rassurants pour mon neveu... — Il ne faudrait pas trop s'y fier, cependant... — On commence comme ça, on est toute timide et timorée, et puis, un beau jour, le vent tourne... — je sais bien ce que je veux dire... — bref, ma chérie, tiens-toi sur tes gardes... — Georges n'a pas encore parlé, mais il parlera...

— Il n'oserait...

— Bah !... les hommes osent tout... et d'ailleurs celui-là ne passe nullement pour manquer d'audace.

— J'espère bien, je vous le répète, qu'il ne s'occupe point de moi...

— Ta ! ta ! ta ! — c'est impossible... — il t'aime, j'en réponds.

— Je ne veux pas vous croire.

— Tu as tort, — l'amour est contagieux... — Georges t'aime, puisque tu l'aimes...

— Je ne suis pas sûre de l'aimer, et d'ailleurs il l'ignore... il l'ignorera toujours...

— Les hommes n'ignorent jamais ces choses-là... — ils ont un instinct merveilleux pour les deviner... — et d'ailleurs, mon pauvre agneau, ta candeur même est une garantie... — les battements de ton petit cœur ne sauraient échapper aux regards d'un amant, puisque des yeux désintéressés les remarquent...

Marie fit un mouvement de surprise et d'effroi.

— Que dites-vous? — s'écria-t-elle, — qui donc a deviné ce que je ne m'avouais point à moi-même ?...

— Moi, d'abord. — répondit Sylvanire, fort empressée de mettre en relief sa prétendue perspicacité, — et je ne suis pas la seule... — Il n'y a pas une heure, en m'habillant, Flore me parlait de tout ceci...

— Ah ! — s'écria la comtesse avec un véritable désespoir, — devais-je arriver à cette honte !... — Une femme de chambre prétend lire les secrets funestes que je croyais si bien cachés au plus profond de mon cœur !...

Marie enfouit son visage bouleversé dans ses deux petites mains et se prit à sangloter amèrement.

— Ma nièce mignonne... — dit la douairière, — calme-toi, je t'en supplie !... — il n'y a rien ordinaire dans ce que je viens de te dire...— Quand tu auras un peu plus d'expérience de la vie, tu sauras que jamais un grand homme n'est un mystère pour son valet de chambre, ni une jolie femme pour sa camériste... — Bien fous seraient celui ou celle qui se flatteraient du contraire...

Madame de Talmay ne prêtait qu'une oreille inattentive aux banales consolations de sa tante.

— Oh ! malheureuse... malheureuse que je suis !... — murmurait-elle à travers ses larmes, — souffrir n'est rien... mais rougir, rougir devant une servante... voilà le supplice qu'il me faut accepter... voilà la honte qu'il me faut subir... — Mais, au nom du ciel, qu'ai-je donc fait pour mériter une humiliation si grande !...

— Ma tourterelle chérie, — continuait Sylvanire, — je prends sur moi de t'affirmer que tu te tourmentes tout à fait mal à propos... — Oublies-tu que c'est moi qui t'ai donné Flore, et que je savais bien ce que je faisais?... — Cette petite est vraiment gentille et fort au-dessus de son état... — je te réponds de sa discrétion comme de la mienne.

Marie disjoignit ses mains et montra son visage pâle et ses yeux étincelants.

— Ah ! — dit-elle avec éclat, — cette fille insolente ne restera pas une heure de plus dans ma maison !...

— Tu veux renvoyer Flore ? — demanda Sylvanire stupéfaite.

— Je veux la chasser !...

— Elle !... un bijou !... un trésor !... — Une créature incomparable pour la légèreté de la main et le moelleux du coup de peigne ! et spirituelle avec cela comme un petit ange !... — Y songes-tu ?

— Oui, — répéta Marie dont la colère montait. — Oui, je la chasserai honteusement !...

— Eh bien, mon enfant, tu auras tort, — tort à tous les points de vue et de toutes les façons... — D'abord tu ne remplacerais pas facilement cette camériste modèle, — ensuite, une femme de bon sens ne doit jamais, et sous quelque prétexte que ce soit, renvoyer sa femme de chambre...

— Pourquoi cela?...

— Parce que, si la vengeance est le plaisir des dieux, elle est aussi celui des valets congédiés... — Or, une soubrette mise à la porte se venge infailliblement de sa maîtresse...

— Et, comment?...

— De la manière la plus sûre et la plus facile, — en racontant, à qui ne devrait pas les connaître, les secrets qu'on lui a confiés ou ceux qu'elle a surpris...

— Eh ! que m'importe à moi? — je n'ai rien à cacher ! je n'ai rien à me reprocher !...

— Ma nièce mignonne, *le juste pèche sept fois par jour*... — J'ai entendu affirmer cela par ce charmant petit abbé du Taillis de qui je tiens ce beau reliquaire que tu connais, renfermant une parcelle du fémur de sainte Marie l'Égyptienne, et une mèche des cheveux de la Madeleine. — Crois un bon conseil, et suis-le... — ne te sépare point de Flore, — surtout, ne t'en sépare pas violemment... — Du temps où vivait encore mon excellent mari, feu le baron de Lamargelle, je commis un jour l'imprudence de renvoyer ma femme de chambre...

— Il me faudrait deux heures pour te raconter en détail les inconvénients et les calamités sans nombre qui fondirent sur moi à la suite d'une si fausse et si déplorable démarche... — Cette occasion fut l'une de celles où feu le baron mon mari oublia d'une façon trop complète les égards qu'il devait au sexe faible en général, et à sa femme en particulier.—J'eus très-gravement à me plaindre de lui, plus gravement que je ne pourrais le supposer... Mais il est mort,— j'oublie mes griefs... paix à sa cendre !... — Bref, ma bonne petite, profite d'une expérience acquise à mes dépens et ne t'avise pas de faire un coup de tête en mettant Flore à la porte... — tu me le promets?...

— Oui, ma tante... — répondit machinalement la jeune femme.

— C'est bien convenu ?...

— Oui, ma tante.

En ce moment la cloche du château, mise en branle, envoya dans l'espace ses joyeuses volées.

Un piqueur envoyé par M. de Talmay venait d'annoncer qu'avant une demi-heure les chasseurs seraient de retour, et le maître d'hôtel faisait sonner le premier coup du repas du soir.

Sylvanire, légère comme une nymphe, quitta le sopha.

— Je vais au salon, — dit-elle, — afin d'attendre ces messieurs, et d'être prête à les recevoir, — et je te laisse le temps de mettre la dernière main à ta toilette, qui me paraît un peu négligée, quoique charmante... — Je te préviens, ma mignonne, que ce gris perle est sévère... — pourquoi n'adoptes-tu pas le rose?... — c'est ma couleur favorite... — Enfin, tu as le droit de n'être point coquette, car tu es jolie comme les Amours, de toutes les façons et sous tous les costumes... — Nous reprendrons demain l'entretien si intéressant que nous venons d'abandonner et nous te raconterons d'une façon minutieusement détaillée les *tics-tacs* de ton petit cœur depuis le jour et depuis l'heure où il s'est mis à battre pour le beau Georges... — Au revoir, ma tourterelle chérie, — veille bien sur tes regards au souper, et prends garde que mon neveu ne s'aperçoive de quelque chose... — Suis mon exemple... — j'ai la conscience de n'avoir rien négligé pour éviter à feu mon mari tout souci, toute inquiétude, et c'est aujourd'hui, je t'assure, un grand soulagement pour moi de penser que je fus sans reproches, ou à peu près, vis-à-vis de cet excellent homme...

Et madame de Lamargelle, après avoir embrassé de nouveau Marie, s'en alla leste et radieuse, et très-sincèrement convaincue qu'elle avait été le modèle accompli des plus complètes vertus conjugales.

Au moment d'atteindre la porte, elle revint sur ses pas.

— Bassine tes yeux avec de l'eau fraîche, chérie, — dit-elle, — et n'épargne point la poudre de riz... — Il est facile de voir que tu as pleuré, et, quand la femme a les yeux rouges, le mari cherche toujours à savoir pourquoi... — Oh ! les maris, quelle vilaine engeance !

Après avoir donné cet excellent conseil et formulé ce dernier aphorisme, la baronne disparut définitivement cette fois.

Madame de Talmay, restée seule, s'absorba dans une méditation profonde et douloureuse dont il nous semble facile de deviner le sujet.

Toutes les pages d'un volume ne nous suffiraient pas pour mettre sous les yeux de nos lecteurs une faible partie des réflexions piquées d'amertume qui se succédèrent en moins de quelques minutes dans l'esprit de la pauvre enfant.

Le chagrin et l'humiliation de Marie atteignaient les proportions d'un véritable désespoir, et ce désespoir était légitime.

Triste situation, en effet, que celle d'une femme jeune, inexpérimentée, candide, s'avouant à peine à elle-même qu'une image qui n'est pas l'image de son mari passe un peu plus souvent qu'il ne le faudrait dans ses rêves, et découvrant tout à coup que ce mystère d'un naissant amour est souillé par des regards curieux et mercenaires, et livré peut-être en pâture aux commérages malfaisants et aux railleries immondes de l'office !...

Cette profanation imprévue des plus secrets replis de son âme blessait Marie dans son orgueil et dans sa pudeur, comme l'aurait pu faire la divulgation des trésors de sa beauté chaste devant une bande de satyres.

Ce n'est pas tout.

L'esprit de la comtesse travaillait vainement, et ce travail était une souffrance nouvelle.

Elle se demandait, sans pouvoir se répondre, par quelles ruses inouïes, par quelle infernale habileté, une curiosité étrangère était parvenue à lire couramment en son cœur ce qu'elle ne faisait qu'épeler, et à descendre au fond de sa pensée plus avant qu'elle n'y descendait elle-même...

En effet, il y avait là un problème véritablement insoluble pour quiconque se trouvait placé au même point de vue que madame de Talmay; mais, pour nous, ce problème est facile à résoudre.

Mademoiselle Flore, la première et l'unique cause de ces naissantes douleurs, de ces préoccupations poignantes, n'avait rien vu ni rien deviné.

Chargée par Georges de Commarin d'un billet pour la comtesse, et sachant que ce billet contenait la demande d'un rendez-vous, elle en avait conclu que sa maîtresse s'accordait, ou du moins touchait au moment de s'accorder avec le jeune homme, et elle s'était empressée de parler de ce sens à la baronne de Lamargelle.

Nous savons déjà quel usage avait fait cette dernière des confidences un peu bien hasardées de la soubrette.

Marie, ignorant le point de départ des communications de sa tante, s'en épouvantait à bon droit et s'égarait au milieu d'un dédale de conjectures sans issue, comme un prisonnier abandonné dans des cryptes obscures et qui sent la démence envahir son cerveau, tandis qu'il se heurte contre les parois des galeries ténébreuses et inextricables où il périra.

Telle était, moralement, la situation de madame de Talmay.

Un bruit léger arracha la pauvre femme aux étreintes du cauchemar qui l'oppressait.

On frappait d'une main discrète à la porte de la chambre à coucher.

— Entrez... — dit Marie en se soulevant et en s'essuyant ses yeux, car ses larmes coulaient sans trêve depuis la sortie de madame de Lamargelle.

La porte s'ouvrit et mademoiselle Flore parut sur le seuil un flambeau à la main.

Le crépuscule avait remplacé depuis longtemps les dernières clartés du jour, et l'obscurité commençait à succéder au crépuscule.

La soubrette alluma les bougies de la cheminée et celles qui se trouvaient sur la table de toilette. Marie, les yeux attachés sur elle, sentait un flot de colère bouillonner dans son sein.

— Pour chasser cette fille, — se disait-elle, — il me faut un prétexte... — comment le faire naître?...

Lorsque toutes les bougies furent allumées, mademoiselle Flore se tint debout devant sa maîtresse et lui dit :

— Je viens prévenir madame la comtesse que ces messieurs arrivent à l'instant, que le souper sera servi dans dix minutes.— Madame la comtesse a-t-elle besoin de moi?...

— Non, — répondit Marie d'un ton sec.

— Cependant, — fit mademoiselle Flore avec insistance,— les bandeaux de madame la comtesse ne me paraissent pas tout à fait lisses.

— Si madame voulait me le permettre, un simple coup de peigne réparerait ce léger désordre.

— Mademoiselle, — répliqua la jeune femme avec une extrême raideur, — il est inutile de m'offrir vos services, je saurai vous les demander quand j'en aurai besoin...

— Tiens! tiens! tiens! — dit la soubrette en à parte, — il me semble que le temps est à l'orage... — Qu'est-ce qu'elle a donc, ma chère maîtresse?... — Je ne sais trop si le billet doux de M. Georges sera bien reçu... — Ah! ma foi! tant pis! — après tout, qu'est-ce que je risque?...

Puis elle reprit à haute voix :

— Alors madame la comtesse m'autorise à me retirer?

— Oui.

— Je dois, auparavant, m'acquitter d'une commission dont je suis chargée...

— Pour moi?

— Oui, madame la comtesse.

— Faites vite, je veux être seule.

Mademoiselle Flore tira de la poche de son tablier de soie le billet que nous connaissons et le présenta à la jeune femme.

— Qu'est-ce que cela? — demanda madame de Talmay sans avancer la main pour prendre le billet.

— Madame la comtesse le voit, c'est une lettre.

— De quelle part?

La camériste, malgré tout son aplomb, se troubla involontairement sous le regard fixe et perçant que sa maîtresse attachait sur elle.

— Madame, — balbutia-t-elle avec embarras, — je ne sais.

— Comment, — s'écria Marie,— vous ne savez de quelle part vient ce billet que vous m'apportez!...

— C'est-à-dire, madame, j'ignore le nom de la personne qui me l'a remis...

— C'est peu vraisemblable, mademoiselle...

— Cependant j'ai l'honneur d'affirmer à madame la comtesse que c'est l'exacte vérité...

— Je ne reçois point les lettres dont j'ignore l'origine et qui arrivent autrement que par la poste... — Remportez cela...

— Mais... madame...

— En voilà assez, mademoiselle, — je vous répète de me laisser seule...

La soubrette prit un grand parti.

— Madame la comtesse, — dit-elle, — je crois que je devine à peu près de qui vient le billet.

— Ah! vous devinez?...

— Oui, madame.

— Parlez donc, et hâtez-vous...

— Je suppose... j'ai tout lieu de penser... que M. de Commarin pourrait bien en être l'auteur...

Les prunelles contractées de Marie lancèrent un éclair.

Mademoiselle Flore avait les yeux hypocritement baissés et ne vit pas l'expression menaçante du regard de sa maîtresse.

Madame de Talmay fit sur elle-même un violent effort et reprit, avec un calme apparent que démentait l'altération de sa voix :

— Soyez franche; — c'est M. de Commarin qui vous a remis ceci?

— Eh bien, oui, madame, je l'avoue.

— En vous le remettant, que vous a-t-il dit?

— Que madame la comtesse avait le plus grand intérêt à connaître le contenu de ce billet...

— Et vous n'avez pas hésité à vous en charger?...

— J'ai beaucoup hésité, au contraire...

— Vous avez fini par vous décider cependant...

— Du moment où l'intérêt de madame la comtesse était en jeu, mon dévouement m'ordonnait d'accepter.

— Vous avez fait quelques suppositions, sans doute, au sujet de la démarche de M. de Commarin?...

— Aucune, madame la comtesse; — le respect m'interdisait toute conjecture... Je ne me serais pas permis...

— De supposer que M. de Commarin m'écrivait avec mon autorisation, n'est-ce pas? — interrompit la jeune femme.

— Non, certainement, madame.

La comtesse ouvrit un petit meuble, y prit un rouleau de pièces d'or, et mettant ce rouleau dans la main de Flore stupéfaite, elle lui dit :

— Mademoiselle, voici une année de vos gages. — Vous ne faites plus part de mes gens...

— Madame la comtesse me renvoie!... s'écria la soubrette.

— Je ne prive de vos services.

— En quoi donc ai-je eu le malheur de déplaire à madame?

— Peu vous importe, mademoiselle; — vous êtes payée — Allez.

— Il suffit, madame, — répliqua Flore; — demain matin j'aurai quitté le château.

— J'y crois.

— Madame la comtesse me regrettera, — murmura la soubrette avec une insolence contenue.

— J'en doute.

— Et moi, j'en suis sûre. — Je présente mes respects à madame et je la prie de recevoir mes adieux puisque je n'aurai plus sans doute le bonheur de la revoir.

Marie fit un léger signe de tête sans répondre.

Mademoiselle Flore se dirigea vers la porte après avoir déposé sur la tablette de la cheminée le billet de Georges.

Madame de Talmay s'aperçut de ce détail.

— Vous oubliez quelque chose, — dit-elle.

— Je ne crois pas, madame.

— Cette lettre...

— Elle est arrivée à son adresse.

— Je vous ordonne, mademoiselle, de la reprendre et de la rendre à la personne de qui vous la tenez...

— J'aurai l'honneur de faire observer à madame la comtesse que, n'étant plus à son service, je n'ai désormais aucun ordre à recevoir d'elle... — Je me suis chargée de remettre ce billet, je l'ai remis, le reste ne me regarde pas...

Après cette dernière réponse, la soubrette, qui ne se donnait plus la peine, ainsi qu'on vient de le voir, de déguiser son impertinence, fit une révérence ironique et sortit de la chambre.

— Ainsi, - balbutia la comtesse, — voilà donc les créatures odieuses, voilà donc les dangereuses vipères à qui tant de pauvres femmes imprudentes confient l'honneur de leur maison et le repos de leur vie entière!... — Ah!... cela fait peur et cela fait honte!... — Qui m'eût dit il y a deux heures que je marchais à mon insu sur le bord du plus effrayant de tous les abîmes!... — J'ai couru un immense péril, mais grâce au ciel, je suis sauvée!...

En ce moment les yeux de Marie s'arrêtèrent sur le billet que mademoiselle Flore avait refusé si catégoriquement de reprendre.

— Ma tante avait raison, — pensa la jeune femme, — les hommes ne reculent devant aucune audace!... — il a osé m'écrire!...—a-t-il donc espéré que je lirais sa lettre?...

La rougeur de l'indignation vint colorer le front et les joues de madame de Talmay, tandis qu'elle songeait à la présomption offensante de M. de Commarin.

Elle résolut aussitôt de rendre le billet tout cacheté. — Georges, en le recevant, comprendrait sans doute combien sa tentative avait été vaine et insensée.

Le rendre... — mais comment?...

Marie mit son imagination à la torture en cherchant un moyen admissible et n'en trouva pas. — Tous ceux qui se présentèrent à son esprit lui semblaient au plus haut point compromettants, et l'étaient en effet.

Cependant elle voulait en finir avec ce billet.

— Je le brûlerai, se dit-elle.

Et, le prenant par l'un de ses angles avec une sorte d'effroi, comme si son contact seul eût été dangereux, elle le présenta à la flamme de l'une des bougies.

Le papier épais et satiné ne s'alluma point et se carbonisa sur une surface très-restreinte, lentement et d'une façon presque imperceptible.

Marie frappait du pied avec impatience en voyant que son œuvre de destruction n'avançait pas.

— Il faut déployer ce papier pour qu'il s'enflamme... — pensa-t-elle, — qu'importe que le cachet soit brisé, puisque je ne lirai pas une ligne du contenu...

La cire rouge portant l'empreinte du blason de Georges se rompit sous les doigts fiévreux et frissonnants de la jeune femme.

Un regard involontaire lui permit de voir que la lettre était longue, d'une écriture fine et quelque peu indécise... — Peut-être l'émotion avait-elle fait trembler la plume dans les doigts de M. de Commarin?

Marie se reprocha ce regard, dont cependant sa volonté ne s'était pas rendue complice.

Pour la deuxième fois elle allait présenter le papier déployé à la flamme qui le dévorerait en moins d'une seconde.

Cette seconde lui manqua. Un pas rapide, qu'elle reconnut à l'instant pour celui de son mari, se fit entendre dans la galerie. — La porte s'ouvrit; — M. de Talmay entra dans la chambre.

Marie, comme une coupable qui veut cacher à tous les yeux la preuve de sa faute, venait de froisser entre ses doigts et de glisser précipitamment dans son sein le billet fatal.

Le comte Henry la trouva debout devant la cheminée, pâle, troublée, presque tremblante.

Du premier regard il remarqua cette agitation et cette pâleur.

— Ma chère enfant, demanda-t-il avec le ton d'un affectueux intérêt, en s'avançant vivement pour soutenir sa femme, — qu'avez-vous donc?... êtes-vous souffrante?...

— Oui...— balbutia Marie à qui la question de son mari offrait un moyen facile et naturel d'expliquer son trouble... — oui... depuis un instant...

— Qu'éprouvez-vous?

— Je ne saurais le définir... — C'est un malaise vague et général... une sorte d'oppression... des éblouissements...

— Rien de grave, enfin, j'espère?...

— Oh! non, rassurez-vous, mon ami... — il me semble même que ce malaise se dissipe déjà...

— Il faut sans doute attribuer cette passagère souffrance à la pesanteur de l'atmosphère... — l'air est saturé d'électricité, et je crois pouvoir vous annoncer un prochain et violent orage... — Regardez le ciel, chère enfant...

Madame de Talmay tourna machinalement ses regards vers la fenêtre ouverte.

Depuis le coucher du soleil, de gros nuages, d'une teinte livide et cuivrée par places, avaient envahi l'horizon :—de grands éclairs silencieux rayonnaient d'instant en instant dans leurs profondeurs.

— Vous voyez que l'orage est imminent, — reprit M. de Talmay, — ceci suffirait, et au-delà, sans qu'une nature nerveuse et impressionnable comme la vôtre, pour expliquer les éblouissements et l'oppression dont vous vous plaignez... — Dites-moi, Marie, vous sentez-vous assez courageuse pour assister au souper, malgré votre état de souffrance, ou dois-je vous excuser auprès de nos convives?

— Je suis prête à descendre... — répondit sans hésiter la jeune femme.

— Tant mieux, car votre absence aurait mis une grande tristesse dans un repas qui sera joyeux, du moins je l'espère... —J'étais venu vous offrir mon bras pour vous descendre.

— Ma tante en fait les honneurs, n'est-ce pas?...

— Oui, sans doute, — réplique le comte avec un sourire; — mais la baronne, malgré tous ses mérites, ne vous remplace que très-imparfaitement... — Ces messieurs, d'ailleurs, ont un appétit de chasseurs, ce qui n'est pas peu dire; vous êtes donc attendue avec une double impatience, puisqu'on ne saurait se mettre à table sans la maîtresse de la maison...

Madame de Talmay lissa en une seconde ses beaux cheveux blonds dont un désordre fâcheux faisait encore valoir l'opulente splendeur, puis elle appuya sa main sur le bras de son mari, en disant:

— Me voici...

Henry et Marie longèrent la galerie que nous connaissons, descendirent le somptueux escalier à rampe de marbre et arrivèrent au salon où se trouvaient réunis les hôtes du château de Talmay.

VI. — SILHOUETTES ET PHOTOGRAPHIES.

Nous allons devancer Henry de Talmay et sa femme et présenter à nos lecteurs quelques-uns des principaux personnages réunis dans le salon.

Nous savons que les hôtes du château étaient en ce moment au nombre de huit ou neuf, et nous avons entendu mademoiselle Flore parler d'eux à la baronne de Lamargelle.

Il faut nommer d'abord Georges de Commarin.

Celui-là, nous le connaissons déjà, et nous ne tarderons guère à nous occuper de lui plus longuement.

Nous ne citerons que pour mémoire le marquis de Vezay, le comte de Santeuil, le comte et le vicomte de Cussy, riches gentilshommes bourguignons, fort notables comme grands propriétaires, comme veneurs et écuyers de premier ordre, mais simples comparses dans ce récit.

Restent le procureur du roi, le receveur général et le docteur Herbelin.

C'était à titre d'ami et non point comme magistrat que le premier d'entre eux, le baron d'Autrichard, se trouvait au château.— Appartenant à une vieille et illustre famille de robe qui jadis avait eu la gloire de donner deux premiers présidents au parlement de Paris; — âgé de trente-huit ans à peine; — possesseur d'une belle fortune; — doué d'une haute intelligence unie à la plus exquise loyauté; — sachant tempérer par des formes dont l'urbanité parfaite ne se démentait jamais les inflexibles rigueurs de la loi qu'il représentait, le baron se trouvait appelé, sans aucun doute, aux destinées les plus brillantes, et ses amis entrevoyaient pour lui, dans l'avenir, la simarre de garde des sceaux. — Nous devons ajouter que M. d'Autrichard partageait, à cet égard, les espérances de ses amis et les regardait comme tout à fait légitimes.

Sa taille haute et bien prise ne manquait ni de souplesse ni d'élégance. — Un sourire bienveillant corrigeait l'expression parfois hautaine de son visage aux traits réguliers et caractérisés. — La calvitie précoce, résultant de ses continuels travaux, et la coupe sévère de ses favoris le faisaient paraître plus âgé de quelques années qu'il ne l'était réellement.

Il attendait pour songer au mariage que sa nomination au poste élevé de procureur général lui permît d'aspirer à la main de la fille d'un pair de France ou d'un ministre.

Nous devons ajouter que le procureur du roi, doué d'une parole facile et brillante, aimait un peu trop à se montrer orateur, et que parfois, dans un salon, sa conversation prenait à son insu des allures de réquisitoire.

Grand amateur d'équitation et de vénerie, il ne pouvait adopter le costume de chasse dont la désinvolture lui semblait incompatible avec la gravité de ses fonctions. — Il remplaçait ce costume par un pantalon gris de fer ajusté sur des bottes à éperons, et une redingote noire serrée à la taille.

Le receveur général, Félix de Lesparre, gros viveur d'une quarantaine d'années, médiocrement spirituel, prodigieusement égoïste et toujours de joyeuse humeur parce que tout lui réussissait, disait à qui voulait l'entendre qu'il vivrait et mourrait garçon, parce que dans sa famille, depuis quatre ou cinq générations, les maris avaient dû subir invariablement et fatalement ces infortunes conjugales que Molière raillait si gaiement avec la mort dans le cœur.

— Je profiterai de l'expérience de mes ancêtres, — ajoutait-il, — et je ne m'exposerai point à ce qu'ils n'ont pas eu la sagesse d'éviter.

M. de Lesparre, tout rond, tout joufflu, tout blond et tout rose, se recommandait par les raffinements de son élégance, par le luxe de sa maison, par les mérites incontestables de son cuisinier, par la variété des vieux vins des premiers crus qui remplissaient sa cave et qu'il prodiguait libéralement parmi ses petits soupers régence. — Il allait chercher lui-même en Angleterre ses chevaux et ses voitures, et l'entretien de son écurie lui coûtait vingt-quatre mille francs par an.

L'une des ambitions du receveur général était de passer pour un homme à bonnes fortunes. — Nous disons passer, car le brave garçon se faisait volontiers le Jupiter de ces Danaés que la pluie d'or rend trop facilement accessibles.

Peut-être s'étonnera-t-on de rencontrer un roturier sans fortune comme le docteur, admis sur le pied d'une égalité absolue et d'une intimité complète parmi ce monde riche et blasonné.

Rien de plus simple cependant.

Martial Herbelin, fils d'un très modeste et très-pauvre expéditionnaire de la préfecture, avait débuté au collège de Dijon avec une bourse entière accordée par le préfet, qui s'intéressait à son employé.

Martial, par la force des choses, s'était donc trouvé camarade des enfants des principales familles de la province.

Sur les bancs de l'école, les rangs disparaissent et les inégalités sociales s'effacent et semblent de vaniteuses et incompréhensibles chimères.

La première place n'appartient ni au plus noble, ni au plus riche, mais au plus travailleur, au plus intelligent, au meilleur.

Cette place, Martial la conquit dès son entrée, et la garda sans peine.

Ses professeurs disaient de lui : — *C'est un aigle !*... — et ses professeurs avaient raison.

Chaque année, — au grand jour de la distribution des prix, — on entendait retentir dix fois de suite le nom de Martial Herbelin, au milieu des fanfares, des acclamations et des bravos.

Chose bien autrement remarquable que les succès eux-mêmes, si réitérés et si brillants qu'ils fussent, le jeune garçon trouvait moyen de se faire pardonner par ses condisciples son écrasante supériorité. — Il se montrait si peu enorgueilli de ses palmes et de ses couronnes, il était si joyeusement boute-en-train aux heures des récréations, si gaiement tapageur, si cordial dans ses amitiés, si brave et si loyal, que chacun ressentait pour lui une estime et une affection sans bornes.

Lorsque ses études classiques furent achevées, Martial, ayant à choisir entre plusieurs voies, se décida pour la carrière médicale, vers laquelle l'entraînait une très-sérieuse vocation.

Il alla suivre les cours de la faculté de Paris. — Il passa des examens éclatants ; — il devint l'élève favori et le secrétaire intime de l'un des *princes de la science* ; — une petite partie de la célébrité de ce grand homme rejaillit sur lui ; — quelques publications remarquables achevèrent de le mettre en évidence, et lorsqu'au bout de cinq ou six ans il reparut dans sa ville natale avec un nom presque célèbre, ses compatriotes lui surent un gré infini d'abandonner les succès certains que lui promettait Paris pour revenir se consacrer à eux.

Les amitiés de collège se ravivèrent, chaudes et dévouées comme aux beaux jours de la première jeunesse. — Martial, devenu le médecin à la mode, eut à l'instant même la plus nombreuse et la plus riche clientèle, et se retrouva le camarade de ses clients aristocratiques.

Homme du monde par son éducation, par ses relations parisiennes, par sa nature facile et communicative, le jeune docteur partagea sa vie entre le travail et le plaisir. — Non-seulement bien accueilli, mais recherché partout, il fut l'hôte assidu des salons et des châteaux, mais il se montra prêt sans cesse à quitter une fête pour courir au chevet des plus pauvres de ses malades, et bien souvent, dans les longues nuits d'hiver, abandonnant le bal avec héroïsme au plus beau moment, il s'installait devant la table de chêne chargée des in-quarto de la science ancienne et des in-octavo du savoir moderne, et la lampe, éclairant sa veillée studieuse, ne s'éteignait guère avant le jour.

Martial Herbelin n'était pas moins remarquable au physique qu'au moral.

De haute stature et taillé en force, il avait les épaules et la poitrine larges d'un athlète, en même temps que ses pieds et ses mains offraient une petitesse et une forme vraiment patriciennes. — Une épaisse chevelure, naturellement bouclée et d'un brun fauve, couronnait son front vaste et rayonnant d'intelligence. — Son visage, plutôt laid que beau, mais d'une laideur attrayante et sympathique, se recommandait par l'admirable limpidité du regard et par la grâce du sourire. — Ses lèvres rouges et charnues, découvrant des dents bien rangées et d'une blancheur éblouissante, exprimaient tout à la fois l'esprit et la bonté, — chose rare !

Nullement vaniteux, mais parfaitement convaincu de sa propre valeur, Martial n'avait consenti à vivre dans le monde aristocratique que parce qu'il se savait certain de s'y trouver admis sur ce pied de complète égalité que nous avons signalé déjà.

Non-seulement cette égalité existait, mais encore le jeune docteur possédait certains privilèges conquis par lui tout d'abord ; — il jouissait d'un franc parler absolu que sa courtoisie naturelle contenait dans de justes bornes, et ses amis acceptaient de sa part une franchise, et parfois même une rudesse de langage que, de la part de tout autre, ils auraient refusé d'admettre.

Nos lecteurs connaissent maintenant Martial Herbelin aussi bien que nous le connaissons nous-même.

Au moment où Henry de Talmay quittait le salon pour aller chercher la comtesse, deux groupes bien distincts occupaient deux points différents de la vaste pièce dont le plafond peint à fresque, et les splendeurs Louis-quatorziennes, contrastaient vigoureusement avec le style bâtard et mesquin des parties plus modernes du château.

Le premier de ces groupes se composait du marquis de Vezay, de MM. de Cussy et du comte de Sauteuil. — Ces honorables spécimens faisaient leur cour à Sylvanire, qui, gracieusement étendue dans un fauteuil, jouait de la prunelle et de l'éventail — (le bel éventail peint par David) !... — et prodiguait à ses cavaliers servants toutes sortes de petites mines enfantines et de jolis sourires ornés de dents d'un émail irréprochable.

Quelques-uns de ces gens malencontreux qui semblent créés tout exprès pour ne voir en rien même que le mauvais côté des choses, suspectaient l'authenticité des dents de Sylvanire...

Outrageux soupçons que rien ne venait justifier !

Les dents de la douairière étaient bien à elle ! — elles lui appartenaient d'autant mieux que madame de Lamargelle les avait achetées et payées comptant, ainsi qu'au besoin les factures des Williams-Rogers de 1829 en auraient fait foi...

On connaît la criante injustice de la plupart des jugements de ce monde. — Ceci nous paraît une preuve nouvelle à joindre aux preuves acquises déjà. Bref, avec son entourage de galants cavaliers, la ba-

ronne était aux anges. — Des saillies inconcevablement spirituelles se pressaient sur ses lèvres, et je vous affirme qu'en l'écoutant on se prenait à regretter qu'elle n'eût pas vingt ans de moins.

Cependant, à la satisfaction de la baronne il manquait quelque chose. — Ce quelque chose était la présence de M. de Commarin.

De minute en minute Sylvanire lançait un regard dans la direction du second groupe dont Georges formait le centre, et qui se composait du procureur du roi, du receveur général et du docteur. — Un petit soupir, modulé selon toutes les règles du sentiment, accompagnait ce regard. Les quatre hommes s'étaient isolés dans la profonde embrasure de l'une des fenêtres, et c'est à peine si le murmure de leurs voix arrivait jusqu'à la douairière.

Martial Herbelin, condisciple de Georges sur les bancs du collège, avait conservé l'habitude de le tutoyer. — Il éprouvait pour lui, d'ailleurs, la plus chaude et la plus sincère affection, ce qui ne l'empêchait pas de lui faire, dans certaines circonstances, une opposition très-vive.

— Monsieur de Commarin, — dit le baron d'Autrichard en continuant une conversation commencée depuis un instant, — je regrette pour vous que vous n'ayez point assisté à la curée, — elle était véritablement fort belle.

— Où donc étiez-vous, Georges? — demanda le receveur général.

— J'avais perdu la chasse, — répondit le jeune homme.

— Voilà qui est singulier... — les chiens n'ont pas cessé un seul instant de donner de la voix et les piqueurs de les appuyer de leurs trompes. — Comment diable avez-vous fait pour vous égarer, vous qui connaissez si bien les forêts de ces pays?...

— Il me serait difficile de l'expliquer... — un moment de distraction, sans doute...

— Une distraction un peu longue! — reprit M. de Lesparre; — elle est en effet inexplicable...

— Ne le questionnez pas, — dit Martial, — vous n'en tirerez absolument rien... — Mon ami Georges est aujourd'hui une énigme vivante, — un mystère en habit de chasse.

— Moi? — s'écria Georges en riant.

— Toi-même, parbleu !

— Et comment cela?

— Messieurs, soyez témoins et juges : — Je te mets au défi, mon cher Georges, de justifier de l'emploi de ton temps à partir de l'heure précise où tu as *perdu la chasse*, ainsi que tu viens de nous le dire...

— En vérité, — répliqua M. de Commarin sans la moindre nuance d'embarras, — je ne te comprends pas...

— Pourrais-tu nous expliquer comment et pourquoi, il y a deux heures, au moment où je venais de mettre pied à terre auprès du carrefour des Six-Chemins, pour rajuster une de mes sangles, je t'ai vu passer dans une des allées latérales, poussant ton cheval à la plus rapide allure et tournant précisément vers le dos à la meute qui faisait tapage à un demi-quart de lieue de là? — Je t'ai hélé de toutes mes forces, mais tu courais si vite que tu ne m'as pas entendu, ou tout au moins que tu n'as pas voulu m'entendre. — Où allais-tu?

— Voilà une question à laquelle il me devient non plus difficile, mais impossible de répondre...

— Ah bah!... et pour quelle raison?...

— Pour la meilleure de toutes : — je n'allais nulle part, ou plutôt je ne savais pas où j'allais, — mon cheval était emporté...

— Comment! — s'écria Martial en riant, — toi, le meilleur écuyer de nous tous, tu te laisses emporter par ta monture comme un collégien en vacances!... — Si tout autre que toi l'avait dit, je ne l'aurais pas cru!...

— Tu aurais eu tort, — répondit Georges avec bonne humeur; — tu connais l'affirmation d'un vieux vers devenu proverbe :

Le vrai peut quelquefois n'être pas vraisemblable !

En même temps le jeune homme, se penchant vers Martial et lui serrant la main doucement, murmura à son oreille, de façon à n'être entendu ni du procureur du roi, ni du receveur général :

— Plus un mot à ce sujet, je t'en prie...

Le docteur, un peu surpris de la recommandation, allait cependant s'y conformer et donner à la conversation un autre tour, mais cet acte de condescendance pour son ami devint inutile.

Un domestique du château entra dans le salon, s'approcha de Georges, et lui dit en lui présentant une lettre :

— Le valet de chambre de M. de Commarin vient d'apporter ceci de Dijon; il a fait la route à franc étrier.

— Messieurs, — dit Georges, — vous permettez...

Il s'éloigna de quelques pas et brisa le cachet.

Si parfaitement maître de sa physionomie que fût notre héros, il ne put empêcher un pli profond de se creuser entre ses sourcils, tandis que ses yeux parcouraient rapidement le contenu de la lettre, en tête de laquelle se trouvaient imprimés ces mots :

J. Blanchard,
avoué,
rue Vauban, 13,
Dijon.

En même temps une irrésistible contraction nerveuse faisait frissonner ses lèvres.

La missive de l'avoué n'avait pas moins de deux grandes pages. La voici :

« Monsieur et cher client,

« Mauvaises nouvelles. — Les tiers-porteurs des deux billets de trois mille francs chacun ont signifié leur commandement dans la journée. — Votre mobilier sera saisi demain matin infailliblement, ainsi que vos voitures et vos chevaux.

« Ceci n'est rien. — Les ressources de la procédure me permettent de jeter encore un certain nombre de bâtons dans les roues de ces créanciers et de retarder la vente pendant quelques semaines.

« Ce qui est plus grave, c'est l'affaire de la lettre de change de douze mille francs. — Le jugement entraîne, comme vous le savez, *contrainte par corps*, et il est définitif. — Les pièces sont arrivées de Paris ce matin chez l'huissier chargé de remplir les fonctions de garde du commerce... — Il a reçu en même temps les instructions les plus formelles et les ordres les plus rigoureux ; — il agira donc sans perdre un instant, et, pour commencer, il a signifié son commandement dans l'après-midi.

« Je vous écris en toute hâte afin de vous prévenir de cette fâcheuse extrémité, afin de vous mettre sur vos gardes et de vous engager à ne pas revenir à Dijon. — Vous seriez arrêté en arrivant, et, une fois sous les verrous de la prison pour dettes, comment en sortir?...

« Je n'ai qu'un seul conseil à vous donner, mais il est bon. — Gagnez la Suisse, et, de Genève ou de Lausanne, écrivez à vos créanciers pour leur dire de s'adresser à moi, en ajoutant que vous m'avez donné pleins pouvoirs d'accepter ou de proposer un arrangement. — Peut-être, vous voyant à l'étranger et hors de leur atteinte, consentiront-ils à transiger.

« Sans perdre un seul jour je ferai toutes les démarches nécessaires pour réaliser les derniers débris de votre belle fortune qui n'existe plus, si toutefois il reste encore quelque chose à réaliser... — Un acquéreur se présente pour votre terre de Bligny-sur-Ouche... — Je ne désespère point de faire arriver cet acquéreur à un chiffre qui dé-

Madame de Talmay prit le portefeuille avec une répugnance manifeste. (Page 22.)

passera de quelques milliers de francs la somme totale des hypothèques; mais pour cela il est indispensable que vous soyez à l'abri, car, dans le cas contraire, notre homme ne se ferait aucun scrupule de profiter de notre situation en attendant la vente par autorité de justice qui lui livrerait la terre à vil prix.

« Je n'ai pas encore d'amateurs pour les domaines de Lamarche-sur-Saône, également hypothéqués jusqu'à concurrence de la presque totalité de leur valeur. — De ce côté-là les paysans sont riches... peut-être un morcellement donnerait-il des résultats plus satisfaisants qu'une adjudication en bloc. — Nous verrons, et vous savez bien que je ne négligerai rien pour agir au mieux de vos intérêts.

« Enfin, quoi qu'il arrive, il me paraît que la liberté en Suisse est infiniment préférable à la captivité en France.

« Partez donc au plus vite, monsieur et cher client, et faites-moi savoir où je dois vous adresser de nouvelles nouvelles. — L'énergie des recommandations de vos créanciers est telle, qu'il me paraît indispensable que vous ayez passé la frontière d'ici à quarante-huit heures au plus tard.

« Agréez, etc. »

Pendant quelques minutes Georges resta anéanti et atterré par cette lettre.

Certes, le jeune homme se faisait peu d'illusions sur sa situation réelle, mais cependant il ne la croyait pas à ce point désespérée.

L'histoire de M. de Commarin est de celles qui peuvent s'analyser en dix volumes ou se raconter en quelques lignes.

Fils unique, — dernier rejeton d'une très-vieille et très-noble famille bourguignonne, — resté maître à sa majorité d'une fortune de vingt mille livres de rente et du joli château de Bligny-sur-Ouche, Georges, que sa belle intelligence et les qualités réelles de son cœur semblaient destiner à une existence d'un tout autre genre, alla passer deux ou trois années à Paris, s'y lança dans le monde des viveurs et des pécheresses, mena grand train et dévora la moitié de son capital.

Un matin, par hasard, il fit ses comptes; — il fut épouvanté du désarroi financier qu'ils mirent sous ses yeux; — il prit tout aussitôt le parti de revenir en Bourgogne pour y réaliser des économies.

L'intention était sage; — mais de l'intention au fait il y avait loin.

Georges ne put résister au désir d'éblouir ses compatriotes par les magnificences d'un luxe parisien. — Il y réussit à merveille, et son bon goût fut universellement reconnu et proclamé; — seulement, ces vaniteuses satisfactions achevèrent avec une promptitude inouïe l'œuvre si facile de sa ruine.

Un jour vint où M. de Commarin se trouva avoir hypothéqué jusqu'au dernier sillon de ses champs, jusqu'au dernier pan de mur de son château, jusqu'au dernier hangar de ses fermes.

Il ne s'arrêta pas en si beau chemin.

A l'emprunt loyal et légal qui se formule par-devant notaire et qui paye au grand jour un intérêt honnête, succéda l'emprunt ténébreux pour lequel les traquenards de l'usure s'abritent derrière la forme inattaquable du billet à ordre et de la lettre de change.

L'épître de l'avoué Blanchard nous a donné le dernier mot de cette situation; il est donc inutile de nous appesantir plus longtemps sur des faits connus par leurs conséquences.

D'un seul coup d'œil, et pour la première fois, Georges de Commarin entrevit, en lisant cette épître, la profondeur vertigineuse de l'abîme dans lequel il s'était jeté de gaieté de cœur.

Qu'allait-il devenir?

Forcé de s'expatrier s'il voulait éviter la prison, quel avenir serait le sien? — Jusqu'à ce moment il s'était bercé d'illusions, non sur sa fortune, mais sur son avenir; — il avait admis la possibilité, la pro-babilité même de nouveaux emprunts qui lui permettraient de faire prendre patience à ses créanciers, grâce à quelques à-compte.

— Je gagnerai du temps, — se disait-il, — on trouvera pour moi sans peine un poste bien rétribué, compatible avec mon nom et mes habitudes...—une préfecture, par exemple... — A quarante ans mes folies de jeunesse seront oubliées, et alors un riche mariage viendra me remettre à flot.

Du haut de ces rêves décevants, Georges tomba brusquement dans la réalité.

L'exaspération de ses créanciers ne lui laissait le choix qu'entre la prison pour dettes et la fuite.

Or, la fuite elle-même devenait impossible; — on ne s'expatrie pas sans argent, et nous savons que Georges avait mis ses derniers louis dans la main de mademoiselle Flore, en même temps que la lettre destinée à la comtesse de Talmay.

Il comptait, pour se procurer des nouvelles ressources immédiates, sur la vente d'un certain nombre de bijoux et d'objets d'art conservés

Un espion mystérieux suivait M. de Commarin. (Page 27.)

par lui jusqu'alors; — et voilà que ces épaves suprêmes allaient se trouver saisies!... — Tout lui manquait donc à la fois...

D'ailleurs Georges ne voulait point partir... — L'idée de quitter la France, l'idée même de s'éloigner de la Bourgogne, l'épouvantait plus que la prison pour dettes elle-même.

Après les nombreuses aventures qui lui avaient fait la réputation d'un irrésistible Lovelace (réputation que nous avons entendu Syl-vanire constater avec tant d'enthousiasme), — après avoir persuadé aux autres, et s'être à peu près persuadé à lui-même qu'il était blasé, Georges, envahi pour la première fois de sa vie par une passion sé-rieuse et profonde, écoutait avec une sorte de stupeur les battements de son cœur et s'étonnait d'avoir pris si longtemps le caprice et la fantaisie pour de l'amour.

Seulement il lui arrivait ce qui arrive à tous les hommes dont les trop faciles succès ont dépravé l'imagination et faussé le sens moral; — quelque chose manquait à son amour, — c'était ce sentiment pur et sacré qui sanctifie la passion même lorsque la passion est cou-pable, — c'était le respect.

N'ayant point rencontré de résistance invincible, Georges ne croyait pas à la résistance; — n'ayant jamais lutté contre une inébranlable vertu, Georges doutait de la vertu.

De là cette façon de procéder ultra-cavalière dont nos lecteurs ont pu s'étonner à bon droit; — de là cette lettre confiée à la camériste de la comtesse, ni plus ni moins qu'à la soubrette d'une femme vingt fois compromise... — rien au monde n'était plus naïvement im-pudent, on en conviendra.

Hâtons-nous d'ajouter que certains roués de profession sont bien souvent beaucoup plus naïfs qu'on ne pense.

Il existe un roman intitulé : Les Roués innocents.

Je ne sais ce qu'est le livre, mais le titre est charmant, surtout il est vrai et peut recevoir des applications nombreuses.

Georges se croyait aimé de Marie. — Il avait pu constater à plus d'une reprise l'émotion imparfaitement dissimulée que sa présence apportait à la jeune femme.—Il avait surpris des rougeurs soudaines auxquelles il ne s'était point fait faute d'attribuer une signification flatteuse pour son amour-propre.

L'idée de perdre à tout jamais l'avenir d'une femme et de briser irrrévocablement peut-être une vie aussi belle et aussi hautement placée que celle de la comtesse, ne se présentait point à lui ou tout au moins ne l'effrayait pas.

— J'aime et je suis aimé, — se disait-il, — qu'importe le reste?

Telles étaient les dispositions de Georges de Commarin au moment où la lettre de l'avoué Blanchard vint sonner à son oreille le glas fu-nèbre de sa ruine absolue.

2

Le jeune homme ploya d'abord sous ce choc comme s'il recevait la nouvelle de quelque catastrophe inattendue, et véritablement il s'était si bien étourdi jusqu'à cette heure, que l'éclatante vérité lui semblait obscure et douteuse encore ; mais l'aventureuse insouciance qui formait le fond de son caractère triompha bien vite d'un abattement passager.

— Le hasard, ce dieu bienfaisant, vient parfois en aide à ceux qui n'ont plus d'espoir qu'en lui, — murmura Georges ; — d'ailleurs, — ajouta-t-il en souriant, — s'il faut en croire un vieux proverbe souvent cité, l'amour me doit et m'accordera les mêmes compensations qu'au joueur parfaitement dépouillé... — A chaque jour suffit son mal... — Aujourd'hui je ne veux plus penser qu'à Marie... — Mon billet est entre ses mains sans doute , et, si ma prière est exaucée par elle, dussé-je être demain exilé ou prisonnier, je trouverai mon sort assez beau !...

Après avoir formulé sous la forme d'un discret monologue les quelques réflexions qui précèdent, Georges froissa et glissa dans sa poche la malencontreuse lettre d'affaires et rejoignit le docteur et messieurs d'Autrichard et de Lesparre.

La conversation roulait sur les péripéties de la chasse qui venait de s'achever et sur le grand appétit que les chasseurs en avaient rapporté.

— Franchement, — disait le receveur général, — la charmante maîtresse de céans se fait un peu bien longtemps attendre ! — Nous allons la voir apparaître brillante et radieuse ; mais, malgré ma galanterie bien connue, je préférerais ce soir un pâté de gibier et une bouteille de vieux Chambertin à tous les falbalas de la terre.

— Patience ! — fit le procureur du roi en riant, — un plaisir différé n'en paraît que plus vif...

— Ce n'est pas d'un plaisir qu'il s'agit, — s'éria M. de Lesparre, — c'est bel et bien d'un besoin, mordieu !... — mon estomac affamé gémit et se désespère, et je vous jure qu'il maudit bien sincèrement les coquetteries de jolie femme qui retardent l'heure du souper...

— Alors, — répliqua le docteur, — ses malédictions portent à faux, car madame de Tulmay n'est en aucune façon coquette...

— Ah ! docteur, vous blasphémez !... — point coquette, ce serait un crime !... — Moi, j'adore la coquetterie quand les tortures de la faim ne font pas de moi une sorte de sauvage tout disposé au cannibalisme !...

Georges, Martial et le procureur du roi accueillirent en riant cette boutade.

M. de Lesparre poussa un énorme soupir de la plus comique expression.

— Messieurs, — fit Georges en prenant le bras du gros homme, — pardonnez-moi si je vous enlève notre ami pour une seconde, — j'ai deux mots à lui dire...

Et il emmena le receveur général à quelques pas.

VII. — LE SOUPER.

— Mon cher ami, — dit Georges à M. de Lesparre, — vous avez la réputation bien méritée d'être le meilleur garçon qui soit au monde.

— Oh ! le meilleur, c'est de l'exagération ! — fit le receveur général, d'autant plus flatté du compliment qu'il le méritait moins et ne devinant en aucune façon où son interlocuteur en voulait venir ; — mais, certainement, je suis bon garçon...

— Personne ne l'ignore, — reprit Georges, — on sait que vous êtes tout dévoué à vos amis...

— Qui dit amitié, dit dévouement, — répondit le gros homme avec emphase.

— Je crois pouvoir me flatter d'avoir quelque part à vos sympathies... — continua M. de Commarin, — est-ce que je me trompe ?...

— Non, certes ! — vous avez une part énorme, l'une des premières, mon cher Georges...

En même temps le receveur général saisit et serra la main du jeune homme.

— Alors, je serai le bienvenu à vous demander un service ?...

Une moue involontaire vint gonfler légèrement les lèvres roses du gros homme.

— Ah ! ah ! — fit-il, — un service... — Vous voulez me demander un service ?...

— Mon Dieu, oui.

Le receveur général fit sur lui-même un héroïque effort, et balbutia, en grimaçant un sourire :

— Eh bien, parole d'honneur, vous m'en voyez fort aise.

— Je n'attendais pas moins de vous, mon très-cher...

— De quoi s'agit-il ?

— D'une bagatelle... — j'ai besoin, pendant quelques jours et pour faire face à une nécessité pressante, d'un peu d'argent...

M. de Lesparre ne souriait plus.

Néanmoins il eut l'air de s'exécuter de bonne grâce, et il répondit en portant la main à sa poche :

— C'est tout simple... — enchanté de trouver l'occasion de vous être agréable. — Vous faut-il vingt-cinq louis ?... — justement je crois bien que je les ai sur moi,..

Un mouvement de Georges interrompit le geste commencé.

— Les vingt-cinq louis que vous m'offrez si gracieusement me seraient tout à fait inutiles.... — répondit le jeune homme.

— Combien vous faut-il donc ?...

— Vingt mille francs.

En entendant formuler ce chiffre, M. de Lesparre tressaillit comme un homme piqué par un serpent et fit deux ou trois pas en arrière.

— Vingt mille francs ! — répéta-t-il, — vingt mille francs ! — diable, mon cher ami, savez-vous que c'est une somme !...

— Insignifiante pour vous...

— Ne le croyez pas... — Vingt mille francs ne sont insignifiants pour personne... Vous le voyez par votre propre expérience, puisque vous en avez besoin et puisqu'ils vous font défaut...

— Oh ! moi, je ne suis qu'un pur et simple propriétaire, et comme tel je puis facilement me trouver gêné, mais votre situation de receveur général met chaque jour et à toute heure entre vos mains des sommes énormes...

— Qui ne m'appartiennent pas, et dont je dois compte à l'Etat...

— interrompit M. de Lesparre.

— Je croyais vous avoir dit, — reprit Georges, — qu'il s'agissait d'un emprunt de quelques jours.

— Sans doute... sans doute... — Mais, mon cher ami, on sait bien quand on emprunte... on ne sait jamais quand on rendra...

— Doutez-vous de ma parole ?...

— Que Dieu m'en garde ! — vous êtes très-certainement de bonne foi, mais vous pouvez vous tromper...

Depuis un instant une rougeur vive colorait les joues pâles de Georges.

— Mon cher Lesparre, — dit-il avec un calme forcé, — vous plaît-il, oui ou non, de me rendre le service que je vous ai demandé ?...

— Mon cher Georges, — répondit d'un ton mielleux le receveur général, — causons sérieusement...

— A quoi bon, puisqu'il ne s'agit que d'un oui ou d'un non ?...

— Les affaires sont les affaires... — Tous les jours on prête vingt-cinq louis à un ami qui vient de les perdre à la bouillotte, mais, quand il s'agit de vingt mille francs, il ne faut point agir à la légère... — Je suis un homme du monde, mais un homme du monde doublé d'un banquier... — Si vous vous trouvez dans l'embarras, je ne demande pas mieux que de vous obliger, mais je tiens à avoir une garantie...

— Laquelle ?

— La plus simple de toutes, — une hypothèque sur l'une de vos propriétés... — Vous convient-il de me la donner ?...

— Non.

— Pourquoi ?

— Parce que mes propriétés sont grevées déjà...

— Très-bien... — Mais alors, comment donc compteriez-vous vous y prendre pour me rembourser ?...

— Blanchard, mon avoué, un honnête homme que vous connaissez sans doute, est convaincu que le produit des ventes volontaires qu'il va effectuer pour mon compte dépassera, et de beaucoup, le chiffre des créances hypothécaires...

— Blanchard peut se tromper... — Les évaluations des avoués sont presque toujours inexactes... — Ah çà, mon cher Georges, j'avais bien entendu dire que vous étiez un peu gêné, mais je ne vous savais pas compromis à ce point...

— Ceci ne m'inquiète guère... — me relèverai...

— Je l'espère pour vous de tout mon cœur... — Mais, dites-moi, ces vingt mille francs vous sont donc indispensables ?...

— Plus que vous ne sauriez l'imaginer, et je suis certain que vous ne me les refuserez pas lorsque vous saurez que je suis sous le coup d'une contrainte par corps et forcé de passer la frontière si je n'ai demain la somme que je vous demande...

M. de Lesparre réfléchit pendant un instant.

— Ecoutez, mon cher Georges, — dit-il ensuite, — je vais vous prouver jusqu'où va mon désir de vous être agréable... — Quoique mon écurie soit au grand complet, je vous offre cinq mille francs, si vous le désirez, des deux chevaux bais et de votre tilbury anglais... Voulez-vous me les vendre ?...

— Cela m'est impossible...

— Pour quelle raison ?...

— D'abord la somme de cinq mille francs que vous m'offrez libéralement de mes chevaux et d'une voiture qui m'en ont coûté douze mille, me serait absolument insuffisante pour me tirer d'affaire ; — ensuite, chevaux et voitures se trouveront, demain matin, sous le coup d'une saisie !... — Il faut donc m'obliger purement et simplement, sans garantie et en vous en rapportant à ma parole d'honneur, ou me déclarer sans ambages et sans réticences que ma démarche est indiscrète.

— Mon cher Georges, — balbutia le receveur général avec embarras, — vous me voyez désolé... oui, désolé... vous me connaissez assez pour ne pas douter de moi... je voudrais pouvoir... je serais heureux d'être à même... mais...

M. de Commarin interrompit le gros homme.

— N'en parlons plus, — dit-il nettement.

— C'est cela même, — fit M. de Lesparre, — n'en parlons plus... — Nous ne sommes pas moins bons amis pour cela, n'est-ce pas?...

— Parbleu!... — seulement je vous demande le secret.

— Vous y pouvez compter tout à fait, c'est bien le moins... — je serai muet comme la tombe...

Le receveur général achevait à peine de prononcer ces derniers mots lorsque la porte du salon s'ouvrit pour laisser entrer le comte et la comtesse de Talmay.

Leur arrivée fut le signal d'un grand mouvement. — Les hommes qui formaient le galant entourage de Sylvanire l'abandonnèrent aussitôt pour venir saluer la jeune comtesse.

Cette dernière devint pourpre au moment où M. de Commarin s'approcha d'elle; — mais celui qui causait cette émotion fut le seul à la remarquer.

Madame de Lamargelle n'avait pas été la dernière à quitter sa place. — Par une manœuvre habile, elle se rapprocha de Georges.

La bonne dame n'agissait point ainsi sans intention. — Nous connaîtrons bientôt ses motifs.

Cependant Félix de Lesparre ne perdait ni une minute ni une seconde pour tenir la promesse de discrétion que nous venons de lui entendre faire à notre héros.

Il avait rejoint le procureur du roi et le docteur Herbelin.

— A qui se fier, grand Dieu!... — murmura-t-il de manière à être entendu de l'un et de l'autre, — à qui se fier! — ma parole d'honneur, l'univers est une forêt de Bondy!...

— Qu'avez-vous donc? — lui demanda M. d'Autrichard.

— Ah! mon cher baron, vous me voyez anéanti! — répliqua le gros homme en s'essuyant le front, — je viens de subir un formidable assaut!... — On se croit en sûreté dans les salons du meilleur monde, eh bien, pas du tout!... — on s'aperçoit tout d'un coup que le terrain est hérissé de chausses-trappes et de pièges à loup!...

— Que voulez-vous dire? — fit Martial à son tour, — il me semble que vous parlez par énigmes! — Au nom du ciel, mon cher Lesparre, expliquez-vous clairement!...

— Eh bien, messieurs, vous voyez en moi la victime d'une tentative d'abus de confiance avec préméditation et circonstances aggravantes... Savez-vous ce que me voulait Georges de Commarin tout à l'heure?

— Non.

— Il voulait m'emprunter de l'argent, rien que cela!...

— Vous emprunter de l'argent?... — Dans quel but? — fit le procureur du roi.

— Dans le but d'en avoir, parbleu!...

— Je le croyais riche.

— Allons donc!...—il est ruiné, complètement ruiné!—il se trouve sous le coup d'une contrainte par corps qui le force à se sauver à l'étranger, comme un banqueroutier...—On saisit demain matin ses chevaux et ses voitures... — vous voyez que le désastre est complet.

— Qui vous a dit tout cela?

— Lui-même.

— En vous demandant de l'argent?

— Oui.

— En vérité, — répliqua le baron d'Autrichard avec un sourire,— voilà qui me paraît bien précisément constituer la tentative d'abus de confiance dont vous nous parliez à l'instant. — M. de Commarin, vous initiant aux moindres détails de sa ruine, n'agissait guère de façon à vous éblouir par l'étalage d'un crédit imaginaire...—Je trouve cela tout à fait loyal...

— Enfin, — demanda le docteur, — lui avez-vous prêté ce qu'il vous demandait?

— Par exemple! — je ne suis pas si sot.

— Alors, de quoi diable vous plaignez-vous?

— Comment, de quoi je me plains? il est toujours extrêmement désagréable d'avoir à subir des importunités de cette espèce, et j'espère bien qu'à l'avenir le comte de Talmay ne recevra plus ce pauvre diable de Georges.

— A vous parler fran ', — dit sèchement Martial, — je doute très-fort que votre espérance se réalise. — Les sympathies de M. de Talmay ne sont point changeantes, — il aime ses amis pour eux-mêmes, et non point pour la fortune où qu'ils ont perdue.

— Est-ce une leçon, docteur? — s'écria M. de Lesparre en rougissant.

— En aucune façon; — je ne donne de leçons que lorsque j'ai la chance qu'elles profitent à ceux qui les reçoivent.

— A la bonne heure!

— Et quelle est, je vous prie, la somme dont Georges paraissait avoir un si pressant besoin? — reprit Martial.

— Vingt mille francs, — ni plus ni moins ; — vous voyez que le chiffre est rond.

Le docteur quitta le receveur général et le procureur du roi, et, après avoir adressé successivement la parole à plusieurs personnes, il s'approcha de M. de Commarin :

— Georges, — lui dit-il brusquement, — crois-tu que je sois ton ami?

— Certes!...

— Et tu es le mien?

— Oui, et de tout cœur.

— Alors, tu ne me refuseras pas ce que je vais te demander?

— Si ce que tu vas me demander est en mon pouvoir, tu peux compter d'avance que c'est fait...

— En ce moment, mon cher Georges, tu te trouves dans l'embarras.

— Moi?

— Oui, toi.

— Comment le sais-tu?

— Peu importe, — je le sais, — cela suffit.

— Eh bien, c'est vrai, l'embarras existe...

— Il te faut une somme de vingt mille francs pour t'en tirer...

— Je ne te demande pas qui te l'a dit... — très-évidemment, l'indiscret est le comte de Lesparre...

— Peu importe encore... — l'essentiel est qu'on me l'ait dit. — Mon cher Georges, je ne suis pas riche... — j'ai pu réaliser cependant quelques économies depuis mon installation à Dijon, — ces économies représentent tout juste les vingt mille francs dont tu as besoin... — Je me trouve très-heureux, je le jure, de les mettre à ta disposition pour aussi longtemps que tu en auras besoin... — tu me les rendras quand tu voudras, ou plutôt quand tu pourras...—est-ce convenu?...

Georges prit la main de Martial et la serra avec effusion.

— Cœur d'or!... — murmura-t-il à voix basse.

Puis, tout haut :

— Mais cet argent, — ta seule ressource, — peut se trouver compromis dans le grand écroulement de ma fortune...

— Je n'en crois rien... — J'ajouterai que je n'ai nul mérite à te le prêter, car j'ai la conviction que tu subirais de grand cœur toutes les privations imaginables, plutôt que de ne pas me le rendre...

— Tu me juges bien. — Merci, Martial.

— Acceptes-tu?

— J'accepte.

— A mon tour de te dire merci!... —Demain matin nous retournerons ensemble à Dijon, et sur un mot de moi mon banquier versera la somme entre tes mains...

Un soupir de soulagement s'échappa de la poitrine de Georges. — Le jeune homme se sentait délivré du poids immense qui l'écrasait depuis un instant. Sa liberté n'était plus menacée; — il évitait la honte de voir coller à sa porte ces ignobles affiches jaunes inséparables compagnes d'une saisie mobilière... Il pourrait aviser après au meilleur parti à prendre pour sauver du naufrage les dernières épaves de sa fortune. — Enfin l'avenir se rassérénait relativement, et M. de Commarin se trouvait le maître de se donner à son amour, pendant quelques heures, tout entier et sans préoccupations.

Ces pensées et bien d'autres encore se succédèrent dans l'esprit de Georges en beaucoup moins de temps que nous n'avons mis à les indiquer.

L'une des portes du salon s'ouvrit à deux battants, et la voix sonore d'un valet en grande livrée prononça ces mots sacramentels :

— Madame la comtesse est servie...

A cet instant précis, la baronne de Lamargelle mit à exécution la manœuvre que nous l'avons vue préparer, en faisant preuve d'une habileté tout à fait supérieure.

Par une suite de marches et de contre-marches combinées avec la justesse de coup d'œil d'un stratégiste consommé, elle était arrivée sans affectation à une dizaine de pas de Georges.

Deux glissades et trois petits sauts légers comme ceux d'une nymphe d'opéra la portèrent tout à côté du jeune homme dont elle saisit le bras en s'écriant :

— Ah! monsieur de Commarin, je m'empare de vous, — je vous institue mon cavalier, — je vous place à table à côté de moi et je ne vous rendrai pas de sitôt votre liberté!...

Sylvanire accompagna de ses minauderies les mieux choisies ces quelques mots auxquels Georges répondit avec une galanterie un peu forcée :

— Que parlez-vous de me rendre ma liberté, madame la baronne?.. — Je n'en veux pas... je n'en voudrai jamais!... je serai trop heureux, cent fois trop heureux, d'être à perpétuité votre prisonnier, ou plutôt votre esclave!...

Madame de Lamargelle, triomphante, entraîna le jeune homme, en s'avouant tout bas à elle-même qu'elle avait beau fouiller dans ses souvenirs et qu'elle n'y rencontrait rien de plus parfaitement séduisant que lui. Les regards de Georges s'attachaient avec une ivresse indicible sur les blanches épaules de Marie qui marchait devant lui, au bras du procureur du roi.

La salle à manger, de style Louis XIV comme le salon, offrait un merveilleux coup d'œil.

Elle était très-vaste et très-haute d'étage, avec des boiseries blanches à rinceaux dorés et un plafond peint sur lequel on voyait, au milieu de légers nuages, de petits enfants en costumes d'amours se jeter joyeusement à la tête les fruits de toutes les parties du monde.

Un de ces lustres immenses et magnifiques, qui ne tiendraient plus dans les mesquins appartements des maisons modernes, se suspendait, tout ruisselant de lumières et de pendeloques, à la griffe dorée qui formait le point central du plafond.

Le linge damassé des Flandres, les porcelaines de Saxe et les cristaux de Bohême couvraient une large table carrée, supportant, au milieu des fleurs et des plats d'argent, dépositaires des merveilles de l'art culinaire, un surtout et des candélabres exécutés sur les dessins de Girodet.

La mythologie surannée du peintre prétentieux de *Pygmalion et Galatée* produirait aujourd'hui, pour des yeux d'artiste, parmi les magnificences du fort bon siècle, l'effet d'une note fausse dans un morceau de Mozart et de Rossini.

Mais, à l'exception peut-être de Georges de Commarin, personne, parmi les hôtes du château de Talmay, ne jouissait d'un coup d'œil bien positivement connaisseur.

Il ne nous paraît point utile d'indiquer ici minutieusement dans quel ordre se trouvaient placés les convives. — Disons seulement que la comtesse Marie avait à sa droite le procureur du roi et à sa gauche le marquis de Vezay, personnage muet.

Naturellement, à la droite de M. de Talmay trônait Sylvanire, auprès de laquelle Georges se trouvait installé, un peu malgré lui quoique de fort bonne grâce, et faisant de son mieux contre mauvaise fortune bon cœur. — Les compensations, d'ailleurs, ne lui manquaient pas. — Trop près de lui, sans doute, la baronne étalait ses cheveux faux, ses pastels, ses épaules dévoilées et ses falbalas roses ; mais en revanche, presque vis-à-vis, les regards pouvaient contempler le divin visage de madame de Talmay, que son involontaire émotion rendait plus belle et plus attrayante encore, et qui n'osait presque lever les yeux de peur de rencontrer ceux du jeune homme fixés sur elle.

Nous le savons déjà, et nous l'avons dit à plus d'une reprise, les chasseurs avaient rapporté de leur longue excursion équestre et cynégétique un formidable appétit. — Ceci nous explique le silence presque absolu qui régna pendant tout le commencement du repas.

Sauf quelques rares monosyllabes adressés au maître d'hôtel et aux valets chargés du service, on n'entendait d'autre bruit que celui des fourchettes se mettant en collaboration très-active avec les mâchoires affamées.

A mesure que la soirée avançait, la pesanteur de l'atmosphère avait augmenté. — Pas un souffle d'air ne se glissait par les trois larges fenêtres ouvertes sur le parc. — L'éblouissante illumination intérieure faisait paraître plus compacte l'obscurité du dehors.

Soudain un grand éclair inonda de sa lumière blanche et aveugla la cime des arbres et les profondeurs de la vallée. — Un coup de tonnerre retentit, et en même temps les flammes du lustre et celles des candélabres se prirent à trembler, fouettées par les premières bouffées de l'ouragan qui commençait.

Un faible cri de la comtesse avait répondu au coup de tam-tam donnant le signal à l'orchestre de la tempête.

Quant à Sylvanire, profitant avec habileté de l'émoi si naturel que la grande voix de la foudre cause au *sexe faible et charmant*, elle ne négligeait point de saisir à belles mains l'un des bras de Georges et d'appuyer presque sa tête sur l'épaule du jeune homme, tout en poussant de petits roucoulements de tourterelle effarouchée.

Les valets se hâtèrent de fermer les fenêtres et tout rentra dans l'ordre. — Seulement les nappes de feu des éclairs et les grondements tantôt sourds, tantôt stridents du tonnerre, se succédaient sans relâche, tandis que le vent faisait rage contre les vitraux.

Le premier appétit se calmait. — L'ouragan devint pour la conversation un thème facile et à-propos.

— Savez-vous, mon cher baron, — dit Henry au procureur du roi, — que nous risquons d'avoir le plus abominable temps du monde pour notre voyage nocturne...

— Qui sait ? — répondit le magistrat. — J'ai vu de bien gros orages ne durer qu'une heure ou deux...

— Messieurs, que dites-vous donc ? — s'écria madame de Talmay en s'adressant tout à la fois à son mari et au procureur du roi, — vous venez de parler d'un voyage nocturne... — J'espère que vous ne songez pas à mettre à route cette nuit ?...

— Je n'ai fait que vous entrevoir tout à l'heure, ma chère Marie, — répliqua le comte, — et le temps m'a manqué pour vous mettre au courant des modifications survenues dans les projets de M. d'Autrichard et dans les miens...

— Je ne puis approuver ces projets nouveaux s'ils vous éloignent d'ici par un temps pareil... — interrompit la jeune femme.

— Madame la comtesse, — fit le procureur du roi en souriant, — je m'offre en holocauste à votre colère et je me déclare hautement indigne de pardon... — je suis le seul et le vrai coupable... — c'est moi qui vous enlève votre mari...

— Et, comment cela, monsieur le baron ?...

— Forcé par les servitudes de ma position de me trouver à Dijon demain matin au point du jour pour préparer l'ouverture de la session qui commencera à huit heures, je comptais prendre congé de vous aujourd'hui dans l'après-midi de façon à me réinstaller ce soir même à mon poste. — Le comte a mis une si bienveillante insistance à me retenir, que je n'ai pu lui résister. — Désigné lui-même par le

sort pour faire partie du jury, il se trouve condamné comme moi à la plus rigoureuse exactitude ; — ni l'un ni l'autre nous n'avons le droit de faire attendre les accusés qui demain viendront s'asseoir sur la sellette de la cour d'assises. — En face de cette inexorable nécessité, le comte m'a dit ce matin, très-gracieusement et très-logiquement : — *Chassez avec nous, soupez avec nous, retardez enfin votre départ, j'avancerai le mien, nous partirons ensemble, nous arriverons à Dijon vers le milieu de la nuit, j'irai me reposer pendant quelques heures à l'hôtel du Château-Rouge, et vous aurez tout le temps de compulser vos dossiers et de prendre vos dernières notes...* — Cet arrangement me convenait fort et je l'acceptai sans hésiter... — Ceci, madame la comtesse, vous explique ce départ nocturne qui vous inquiète, et qui, cependant, sous aucun prétexte, ne saurait se remettre...

— Je comprends très-bien tout cela... — répondit madame de Talmay, — je n'ose insister pour vous retenir, trop certaine d'avance que je serais vaincue, et pourtant, je voudrais le faire... — Entendez-vous siffler le vent ?... — Il me semble que la tempête redouble de violence... — J'ai peur...

— Il faut combattre cette crainte, madame, car, permettez-moi de vous le dire, vos inquiétudes me paraissent tout à fait dépourvues de fondement... — D'ici à Dijon, la distance n'est que de cinq lieues et les routes sont parfaitement entretenues...— D'ailleurs, ajouta le procureur du roi en souriant, — la justice divine ne doit-elle pas aide et protection à sa sœur la justice humaine, que M. de Talmay et moi nous représentons en ce moment... — Rassurez-vous donc, madame, nous arriverons sains et saufs...

— Que Dieu le veuille ! — murmura la comtesse.

— Il le voudra, madame, puisque vous le lui demandez. — Les prières des anges ne sont-elles pas toujours exaucées ?...

On applaudit à cette galanterie, et le docteur Herbelin ayant proposé de porter un toast en l'honneur des deux voyageurs, sa motion fut accueillie avec enthousiasme.

— Monsieur le baron, — demanda Marie de Talmay au bout d'un instant, — combien durera la session ?

— Hélas ! madame, une semaine au moins.

— Si longtemps !...

— Le rôle des affaires criminelles est malheureusement trop chargé... — Rarement j'ai vu notre geôle aussi encombrée de prisonniers attendant leur arrêt.

— Mais au moins, — s'écria Sylvanire, — avez-vous quelques beaux crimes ?

Le procureur du roi sourit.

— Permettez-moi, madame la baronne, de vous demander ce que vous entendez par un *beau crime* ?... — Voilà deux mots qui, je dois l'avouer, me paraissent très-étonnés de se trouver ensemble.

— Oui... oui... — répliqua la douairière, — dans le fond vous avez raison ; mais je sais ce que je veux dire... — Un beau crime est un de ces assassinats bien mystérieux, bien étranges, bien sombres, bien compliqués, qui font frissonner d'épouvante et qui donnent la chair de poule... — Quelque chose dans le genre de l'affaire de Fualdès, par exemple... — vous voyez cela d'ici...

— En d'autres termes, n'est-ce pas, madame la baronne, plus un crime est effroyable et plus il est beau ?

— Précisément... — Vous rendez ma pensée à merveille.

— Eh bien, nous n'avons pas cela ; — la plupart de nos accusés sont des coquins vulgaires, sans la moindre couleur poétique ; — presque toutes nos accusations roulent sur des faits du prosaïsme le plus complet : — faux en écriture de commerce, — banqueroutes frauduleuses, — coups et blessures ayant occasionné la mort à la suite d'ignobles querelles de cabaret, — vols par des serviteurs à gages, etc., etc. — Une seule affaire intéressante se détache sur la platitude de l'ensemble...

— Un meurtre ?

— Oui, madame la baronne, un double meurtre...

— Grand Dieu !... et quel est l'abominable scélérat !...

— Cet abominable scélérat est en réalité le plus honnête homme du monde, et je vous déclare, en mon âme et conscience, qu'il me paraît très à plaindre et très peu à blâmer.

— Cependant il a tué.

— Oui, madame la baronne, — il a tué sa femme.

Sylvanire fit un bond sur sa chaise.

— Tué sa femme !... — s'écria-t-elle, — quelle horreur !...

— Permettez-moi de finir ma phrase... — J'allais ajouter : et le complice de sa femme...

— Ah !... — murmura la baronne en baissant à demi les yeux, — il était donc ?...

— Il était trompé, oui, madame, trompé d'une manière honteuse et lâche, et l'on ne doutait pas ; ses yeux ne se sont ouverts à l'évidence qu'au moment fatal où il a surpris les coupables.

— A quelle classe appartenait-il, cet homme si vindicatif ? — demanda Sylvanire.

— A la classe de ces travailleurs infatigables qui ont conquis, à force de courage et d'économie, une sorte d'aisance relative. — Ce malheureux, âgé maintenant de quarante ans, s'était marié il y a quatre ans avec une orpheline jeune et jolie, sauvée par lui de la plus horrible misère, et sans doute aussi de tous les égarements de la débauche hideuse et vénale... Simon, — c'est ainsi qu'il se nomme, — adorait sa femme, — il ne vivait que pour elle, — il aurait passé de grand cœur ses jours et ses nuits au travail afin de se procurer l'argent nécessaire aux fantaisies de sa chère Marguerite... — J'ai fouillé dans le passé de Simon... — non-seulement je n'y ai trouvé ni une tache, ni une souillure, mais encore les actions nobles et généreuses s'y rencontrent à chaque instant ; — l'une d'elles est même la cause indirecte de la terrible catastrophe qui va se dénouer par un acquittement que je crois certain, sur les bancs de la cour d'assises...

Le procureur du roi s'interrompit.

Un frémissement de curiosité courut parmi les auditeurs.

— Voyons... voyons... — fit Sylvanire... — Oh ! monsieur le baron, dites-nous cela !... — je vous assure que nous mourons d'envie d'avoir des détails... — Ne voyez-vous pas que je palpite d'anxiété ?... — Vous racontez si bien !...

Le procureur du roi s'inclina et reprit :

— Simon, quatre ou cinq ans avant son mariage, vit arriver à l'improviste, chez lui, un jeune garçon d'une quinzaine d'années, son cousin à un degré très-éloigné. — Ce jeune garçon venait de perdre coup sur coup son père et sa mère, pauvres journaliers d'un village de Franche-Comté ; — il était vêtu de haillons et mourait de faim. Simon le recueillit, — le traita comme son propre fils, — lui apprit son état de potier d'étain et fit de lui, non son ouvrier, mais son associé. — Certes, la reconnaissance aurait dû parler bien haut et bien éloquemment dans le cœur du jeune homme. — Il n'en fut rien. — Le misérable, dominé par des passions d'une infernale violence, ne craignit point de s'adresser pour les satisfaire à la femme de son parent et de son protecteur. — Il lui déclara son criminel amour ; — la perfide créature écouta sans colère un aveu qu'elle aurait dû repousser avec horreur. — Elle ne tarda point à brûler elle-même des feux adultères qu'elle avait fait naître ; — le toit conjugal fut profané par le plus impardonnable de tous les outrages. — Cela dura longtemps. — Un impénétrable mystère enveloppait le crime sous ses ombres protectrices ; — Simon, d'ailleurs, était facile à tromper, — sa généreuse et confiante nature ne se pliait point au soupçon, — et, je vous le demande, comment soupçonner la complicité effrayante de sa femme bien-aimée et de celui qu'il regardait comme son enfant ?... — Il est de certains forfaits, invraisemblables et pour ainsi dire inadmissibles, devant lesquels l'imagination épouvantée recule. — Ainsi, je vous le déclare, moi dont la vie se passe au milieu des crimes de toute nature, moi qui dissèque et que j'étudie comme le chirurgien étudie avec son scalpel les cadavres gangrenés, je ne puis croire au parricide, et, lors même que l'évidence m'apporte sa lumière implacable, je le prends à douter encore. — L'aveugle confiance de Simon fut de longue durée, je le répète. — L'impunité produisit sur les coupables son effet habituel : — elle les enhardit au point de leur faire peu à peu oublier toute mesure ; — ils négligèrent les précautions habituelles dont ils s'entouraient, et le flagrant délit vint un jour jeter à Simon, comme un coup de tonnerre, la foudroyante certitude de l'attentat qu'il ne soupçonnait pas... — Une fureur soudaine, vengeresse, irrésistible, envahit son âme en face de ce spectacle infâme ; il saisit un lourd marteau, arme providentielle que le hasard jeta sous sa main, — il frappa les coupables et, mourant lui-même, il vint dire aux magistrats : — *Voilà ce que j'ai fait, — jugez-moi.*

M. d'Autrichard avait achevé.

Un silence de quelques instants suivit ses dernières paroles.

Ainsi qu'il le paraissait naturel et logique de s'y attendre, ce fut madame de Lamargelie qui rompit ce silence.

— Ah ! monsieur le baron, — dit-elle, rien n'est plus émouvant que ce petit récit. — j'en ai les nerfs tout agités et je suis bien certaine de ne pas fermer l'œil une seule minute la nuit prochaine... Certainement la situation de ce pauvre mari est intéressante, et de le plains de toute mon âme... — je conviens volontiers que rien n'est plus désagréable que d'être... ce que vous savez, et de le savoir. — Aussi je ne demande point qu'il soit condamné à mort... non... je pencherais même assez volontiers vers une certaine indulgence dans une certaine mesure... Je propose la détention perpétuelle, par exemple ; il faut bien qu'il soit quelque peu puni, je vous assure... — car enfin sa conduite n'est point exempte de férocité... — Ne pouvait-il adresser à sa femme des représentations bien senties... lui donner même, au besoin, quelques coups de cravache (quoique ce mode de correction me paraisse souverainement répréhensible), et mettre très-carrément à la porte de chez lui son indélicat associé ?... — J'aurais compris cela... — mais les tuer tous les deux !... les tuer à coups de marteau !... oh ! fi !... — Eh ! mon Dieu, monsieur le baron, nous connaissons le monde... — Combien de gens, et je dis des plus haut placés, qui se trouvent tout justement dans la situation du potier Simon... et qui ne disent rien, et qui font bien... — La chose est générale, je vous assure, et même j'ai pu me convaincre, en lisant l'histoire du bon vieux temps,

Que la garde qui veille aux barrières du Louvre
N'en défend pas les rois.

Où en arriverions-nous, je vous le demande, si tous les maris mécontents mettaient l'épée ou le coutelas à la main pour un petit massacre intime ?... — Franchement, la Saint-Barthélemy ne serait rien auprès de cela !... — Certes, je suis désintéressée dans la question, puisque me voilà veuve, et que d'ailleurs on connaît mes principes, mais je dis qu'il n'est pas convenable de se faire justice de ses propres mains, et que la loi ne peut et ne doit permettre de disposer de la vie de qui que ce soit sans demander un compte sévère du sang versé... — Est-ce vrai, cela, monsieur le baron ?

— Madame la baronne, — répondit le procureur du roi, vous touchez là à une question brûlante et d'une importance colossale... — Certes, vous êtes dans le vrai en thèse générale, et la vie de l'homme est sacrée...

— Et à plus forte raison la vie de la femme, être faible et sans défense !... — interrompit Sylvanire.

— Oui, madame, à plus forte raison, comme vous dites... — fit M. d'Autrichard avec un salut et un sourire... — mais la loi, dans sa sagesse souveraine, bien qu'elle n'admette jamais l'homicide, admet cependant certains cas où l'homicide est excusable...

— La loi admet cela ?...

— Oui, madame.

— Eh bien, la loi a tort, voilà tout.

— Comment, madame, vous trouvez injuste qu'il vous soit permis de tirer un coup de pistolet à un voleur qui s'introduit la nuit dans votre maison, avec effraction et escalade, pour vous dépouiller, et qui peut-être même en veut à votre vie ?.. — Vous voudriez que la loi punit, comme un assassinat, ce meurtre légitime ?

— Non, certes !... — mais vous me parlez d'un voleur et moi je vous parle d'un amant, ce qui n'est pas du tout la même chose.

— Ce n'est pas la même chose, en effet, — s'écria M. de Talmay en intervenant dans la conversation, — car l'amant est bien autrement coupable que le voleur !...

— Ah ! par exemple, — murmura Sylvanire, — voilà une théorie qui me paraît originale et nouvelle, mon cher neveu, et j'avoue que je serais curieuse de voir de quelle façon vous vous y prendriez pour la soutenir !... — Je crois que l'entreprise vous semblerait assez difficile...

— C'est la plus facile de toutes les entreprises, au contraire, et je puis vous le prouver en deux mots : — Le bandit qui force votre secrétaire pour y prendre quelques poignées d'or, ne nous blesse que dans nos intérêts matériels, ne nous atteint que dans notre fortune ; — l'amant est un voleur aussi, un voleur qui vous enlève ce que vous avez de plus cher au monde, votre repos, votre bonheur, les joies de votre vie, le sommeil de vos nuits, l'honneur de votre nom, l'espoir de votre vieillesse !... — voilà ce que fait l'amant. — J'ajouterai que presque toujours il se montre lâche et vil... — Le bandit, qui vous dévalise, est un échappé de la geôle ou du bagne, un ténébreux coquin qui ne vous connaît pas, dont vous ignorez le nom, qui vous pille et qui s'en va ! — L'amant, lui, neuf fois sur dix, est l'ami du mari dont il se fait le courtisan et le flatteur, et qu'il caresse pour mieux le tromper... — Ruse de guerre, dit-on, et de bonne guerre !... — Ce n'est pas vrai ! — la déloyauté est toujours honteuse et la trahison toujours infâme !... — La poignée de main menteuse que l'amant donne au mari, c'est le baiser de Judas sur la joue du Christ !...

— Ta !... ta !... ta !... — répliqua Sylvanire, un peu déconcertée mais point convaincue, et pour cause, — voilà de grands mots, mon cher neveu !

— Pour exprimer de grandes vérités, ma chère tante...

— Alors, en votre qualité de membre du jury, et avec vos idées bizarres, vous déclarerez demain le potier Simon non coupable ? ..

— Oui, certes, et avec enthousiasme.

— Eh bien, je vous en fais mon compliment !

— Je l'accepte, et j'ai la conviction que je ne serai pas seul à le mériter, et que tous mes collègues proclameront comme moi l'innocence de l'accusé.

— Très-bien !... mais aurez-vous du moins le courage d'accepter jusqu'au bout les conséquences d'un pareil système et la franchise d'en convenir ?

— Oui, sans doute.

— Quelles qu'elles soient ?

— Quelles qu'elles soient.

— Ainsi vous approuvez le mari qui tue sa femme ?

— Je l'absous, mais je ne l'approuve pas.

— À la bonne heure ! — fit Sylvanire d'un air triomphant, — vous ne l'approuvez pas, c'est déjà quelque chose !

Les sourcils de M. de Talmay se contractèrent, — son front se plissa, — ses yeux lancèrent de sombres éclairs, et son visage prit une physionomie presque farouche qu'aucun des convives assis à sa table ne lui connaissait encore.

— Ma tante, — dit-il d'un ton calme et d'une voix mesurée qui contrastaient étrangement avec la violence des sentiments qu'il exprimait, — vous me comprenez mal, ou plutôt vous ne me comprenez pas du tout. Je désapprouve le mari qui tue en même temps la femme coupable et le complice de cette femme, parce que la vengeance ainsi pratiquée me semble insuffisante, parce que le châtiment ne me paraît point à la hauteur de l'outrage...

— Eh quoi ! — s'écria la baronne stupéfaite, — croyez-vous donc qu'il existe une punition plus terrible que la mort ?...

— Certes, je le crois.

— Laquelle ?

— La vie... — la vie passée tout entière auprès du mari trompé, implacable dans sa froide colère comme la fatalité des poètes antiques. — Je vous le jure, l'existence de la femme adultère doit être, dans ces conditions, un supplice auquel nul autre ne se peut comparer.

Madame de Lamargelle secoua la tête sans répondre.

Le comte de Talmay eut aux lèvres un sourire plein d'ironie.

— Vous n'êtes pas de mon avis, ma chère tante, — dit-il ensuite, — je le vois bien et je m'y attendais; mais demandez à M. d'Autrichard s'il trouve que je suis dans le vrai, et si mon opinion est aussi la sienne.

Sans attendre qu'on l'interrogeât directement le baron répondit :

— Je partage absolument votre manière de voir, mon cher comte, et le châtiment dont vous venez de parler me semble plus effrayant pour la coupable que l'emprisonnement cellulaire à perpétuité, qui, cependant, est pire que la mort, selon l'avis de tous les gens qui ont raisonné et qui ont écrit sur la matière.

Une sorte de malaise général succéda à ces dernières paroles.

La conversation qui précède avait jeté sur l'esprit de tous les convives un voile de tristesse. — Madame de Talmay semblait en proie à une profonde et pénible émotion .. — Georges de Commarin, malgré son empire habituel sur lui-même, était plus pâle que de coutume.

— Martial Herbelin attachait son regard investigateur, tantôt sur Georges, tantôt sur la jeune comtesse, avec une préoccupation manifeste.

Peu à peu cependant l'impression pénible que nous venons de signaler s'effaça pour disparaître.

Des dialogues particuliers s'engagèrent, puis se généralisèrent, et, comme les drames des cours d'assises en faisaient plus les frais; comme, en même temps, les vins les plus généreux circulaient autour de la table et remplissaient les verres, la gaieté ne tarda point à renaître, et le souper s'acheva plus joyeusement qu'il avait commencé.

Au moment où les maîtres du château et leurs hôtes se levèrent de table pour quitter la salle à manger, l'orage avait complètement disparu sous une seule goutte d'eau fût tombée des nuages entassés. — De vagues éclairs illuminaient encore l'horizon par intervalles, mais la grande voix du tonnerre ne retentissait plus.

— Vous voyez, ma chère Marie, combien vous aviez tort de vous alarmer il y a une heure, — dit M. de Talmay à sa femme, — nous allons avoir, le baron et moi, le temps le plus charmant du monde pour notre petit voyage.

— Quand partirez-vous ?

— Dans un instant, et je vais, tout de ce pas, donner des ordres à mon cocher...

VIII. — DÉPART.

Madame de Talmay et ses hôtes, en quittant la salle à manger, passèrent dans un boudoir attenant au salon de réception et qui, moins vaste que cette dernière pièce, était par conséquent plus convenable pour une réunion intime et peu nombreuse.

Le comte avait décidé que son absence et son séjour à Dijon pour les séances de la cour d'assises n'interrompraient point les chasses commencées ; — la plupart des convives du souper devaient donc coucher au château.

MM. de Luzzy, seuls, se proposaient de retourner à leur habitation située à une faible distance.

Le boudoir dans lequel nous introduisons nos lecteurs avait été décoré et meublé par la grand'mère du comte Henry. — Une tenture de satin de Chine brodée de dragons, de chimères et de fleurs fantastiques, couvrait les murailles ; — les sièges étaient en bois doré et en tapisserie des Gobelins dont les médaillons reproduisaient, avec une merveilleuse finesse de tons, des sujets champêtres peints par Boucher. — La garniture de cheminée attirait l'attention par son originalité. — Un éléphant de porcelaine de Saxe, portant sur son dos le cadran d'une pendule, était accompagné de deux petits nègres coiffés de turbans dorés et vêtus d'étoffes aux couleurs éclatantes.

A droite et à gauche, entre des candélabres d'un rococo mythologique adorable et de magnifiques cornets du Japon, deux magots chinois étalaient leur gros ventre et leur rire éternel.

Les admirateurs de la ligne droite et de la forme grecque trouvaient cela fort laid...

Un guéridon, formé d'un immense plat de porcelaine de Chine monté sur bronze doré, servait de table de milieu. — Au plafond pendait un joli lustre rocaille.

Nous devons signaler en outre un chiffonnier et un petit cabaret en bois de rose à ornements de cuivre, meubles charmants, si longtemps dépréciés, et qu'on a le bon goût de rechercher avidement aujourd'hui, comme objets de vrai luxe et de haute curiosité.

Se défier des imitations.)

Marie de Talmay et la baronne Sylvanire s'étaient assises l'une auprès de l'autre sur un sopha digne d'être décrit par Crébillon fils, quoiqu'il n'eût été, selon toute apparence, le héros de nulle scabreuse aventure.

Les hommes formaient un demi-cercle autour de ces dames, mais, nous devons le dire, la conversation restait languissante malgré les efforts de madame de Lamargelle pour la soutenir et la raviver.

Cela s'explique.

Le procureur du roi songeait malgré lui aux foudroyants réquisitoires qu'il ferait éclater le lendemain sur la tête des accusés anéantis.

Georges de Commarin se trouvait en proie à une vive préoccupation et c'est à peine s'il répondait par des monosyllabes lorsqu'il lui devenait complètement impossible de ne pas répondre.

Martial Herbelin observait.

Marie de Talmay, muette et comme absorbée, ne semblait prêter aucune attention à ce qui se passait autour d'elle.

Nous savons déjà que le receveur général n'avait aucun droit au titre de causeur brillant — Quant aux autres personnages, ils se faisaient un véritable point d'honneur de ne sortir que le moins possible de leur rôle de comparses silencieux.

A toutes ces causes de mutisme nous devons ajouter l'accablante pesanteur de l'atmosphère. — L'orage, ne s'étant point dissous en pluie, avait laissé l'air surabondamment imprégné de ces effluves électriques si lourdes et si énervantes pour les corps et pour les esprits.

M. de Talmay reparut.

Il avait échangé son costume de chasse contre une toilette de circonstance, de couleur sombre et d'une sévérité.

Il lui paraissait convenable d'être vêtu avec une sorte d'austérité significative pour prendre part aux formidables solennités de la cour d'assises, et nous pensons qu'il avait raison.

— Mon cher baron, — dit-il au procureur du roi, — je crois le moment venu de prendre congé de ces dames, — les chevaux sont attelés et la voiture nous attend au bas du perron...

Au moment où M. d'Autrichard s'inclinait devant la comtesse et devant Sylvanire dans un salut d'adieu, un domestique vint prévenir le comte que son homme d'affaires venait d'arriver et demandait à lui parler. M. de Talmay quitta le boudoir dans lequel il reparut au bout de quelques minutes tenant à la main un portefeuille de cuir fauve.

— Ma chère Marie, — dit-il à sa femme, — le temps me manque pour remonter dans mon appartement, — chargez-vous donc de ceci, je vous prie, et traitez ce portefeuille avec tout le respect qu'on doit à ce tout-puissant dieu du jour qu'on appelle l'argent.

— Qu'y a-t-il là-dedans ? — demanda la jeune femme.

— Vingt mille francs en billets de banque.

— Mais, par quel hasard ces billets arrivent-ils en ce moment entre vos mains ?..

— Par le hasard le plus simple du monde. — Mon homme d'affaires a touché dans la journée le prix d'une coupe de bois, à cinq ou six lieues d'ici, et il se hâte de m'apporter ce prix pour mettre sa responsabilité à couvert...

— Mon ami, — dit la comtesse, — cela m'inquiète, je vous assure, de rester commise à la garde d'une si grosse somme.

— Croyez-vous donc, — fit M. de Talmay en riant, — que l'appât de ce riche butin doive attirer une bande de voleurs au château ?...

— Je ne crois rien, mais enfin cela ne serait pas impossible...

— Soyez sans crainte, ma chère enfant. — D'abord, personne au monde ne sait que cet argent se trouve ici, ensuite je vous promets que les voleurs ne songent jamais à se hasarder dans une maison pleine comme celle-ci, de monde et d'armes... — La présence de nos amis doit vous mettre absolument à l'abri de toute appréhension fâcheuse...

— Oui, sans doute, et cependant j'aimerais beaucoup mieux vous voir emporter ce portefeuille avec vous...

— Cela est un enfantillage de votre part et serait une imprudence de la mienne. — Autant ces vingt mille francs se trouvent en sûreté dans ce château, autant ils seraient exposés dans un hôtel garni dont les portes ferment mal et où il existe de doubles clefs de toutes les serrures... — Est-ce votre avis, mon cher baron ?...

— Entièrement.

— Vous entendez, Marie, — l'opinion du procureur du roi est sans appel en semblable matière, — résignez-vous donc de bonne grâce à devenir le dépositaire de ceci... — Jamais plus gracieux caissier n'aura fait l'honneur d'une maison de banque...

— Vous le voulez, Henry ?...

— Je vous en prie...

— Eh bien, soit, — mais c'est malgré moi...

— Et je vous en suis d'autant plus reconnaissant.

Madame de Talmay prit le portefeuille avec une répugnance manifeste. — Elle le plaça dans l'un des tiroirs du chiffonnier dont nous avons déjà parlé et elle retira la clef, après l'avoir fait tourner à deux reprises dans la serrure.

— Voilà qui est à merveille, — dit le comte, — et je partirai avec une tranquillité d'esprit complète... — Voulez-vous nous accompagner jusqu'au perron, chère Marie...

— Certes, je le veux, — et revenez vite, mon ami.

— Voilà qui ne dépend pas du tout de moi, malheureusement... — Mais savez-vous ce qui serait bien aimable à vous ?...

— Voyons.

— Ce serait de venir avec ma tante me faire une petite visite à Dijon. — Cette visite me consolerait des rigueurs de mes vilaines fonctions de juré... — Viendrez-vous ?...

— Mais n'en doutez pas; oui, j'irai, et de grand cœur...

— Ah! je le crois bien que nous irons ! — dit Sylvanire. — J'aimerais fort à voir juger et condamner deux ou trois coquins... — Monsieur le baron, vous nous donnerez ce divertissement, n'est-ce pas ?

— Madame la baronne, je vous promets des fauteuils dans l'enceinte réservée...

— A merveille... — ce sera fort gai... — ma parole d'honneur, je me réjouis tout à fait de cette petite partie de plaisir...

Ce qui précède s'était dit en traversant les pièces qui séparaient le boudoir du vestibule. Dans la cour intérieure, au bas des larges degrés du perron, une calèche découverte attendait.

Les lanternes d'argent projetaient en avant une large zone de lumière. — Les chevaux piaffaient sous la main habile du cocher, qui ne parvenait qu'à grand'peine à contenir leur impatiente ardeur.

M. de Talmay embrassa sa femme et sa tante, — serra la main des hommes qui restaient ses hôtes malgré son départ, et monta dans la voiture où déjà le procureur du roi venait de prendre place...

— Au revoir, — dit-il, — à bientôt ; — et surtout, Marie, n'oubliez pas votre promesse.

La comtesse répondit affirmativement et, sur l'ordre d'Henry, le cocher rendit la main à ses chevaux, et l'attelage partit à cette allure rapide et cadencée qui fait des trotteurs anglais les premiers trotteurs du monde. Lorsque la calèche eut disparu dans les profondeurs de la longue avenue aboutissant à la grille du parc, madame de Talmay, la baronne et les convives du souper, reprirent le chemin du boudoir, à l'exception de Martial et de Georges.

Le jeune docteur avait touché légèrement l'épaule de son ami, en lui disant :

— Veux-tu faire un tour de promenade ?

— Maintenant ?

— Oui.

— Quelle ardeur de locomotion nocturne s'empare ainsi de toi ?... — Enfin, si tu le désires, que ta volonté soit faite...

Martial prit le bras de Georges, — descendit avec lui les degrés du perron et tous deux s'enfoncèrent sous les arbres dont la verdure épaisse formait au-dessus des allées immenses une voûte impénétrable aux pâles clartés qui tombaient du ciel.

Nous les rejoindrons bientôt dans cette promenade qui n'était pas sans but; — mais il nous faut suivre d'abord la voiture de M. de Talmay. Cette voiture roulait depuis un quart d'heure, — elle allait atteindre les deux pavillons construits en pierres vermiculées et en briques qui flanquaient à droite et à gauche la grille monumentale du parc. L'un de ces pavillons était habité par un brave garçon nommé Michel, remplissant les doubles fonctions de concierge et de garde.

Au moment où la calèche arrivait à la grille, un bruit de voix se fit entendre et les chevaux s'arrêtèrent brusquement.

— Qu'y a-t-il ? — demanda M. de Talmay.

Un homme dont l'obscurité ne permettait pas de distinguer les traits s'approcha de la portière.

— C'est moi, monsieur le comte, — dit cet homme.

— Vous, qui ?...

— Michel, monsieur le comte.

— Eh bien, Michel, que me voulez-vous ?

— Je veux remettre à monsieur le comte une lettre qu'on m'a donnée pour lui tout à l'heure...

— Une lettre ?

— Oui, monsieur le comte.

— Où est-elle, cette lettre ?...

— La voici.

— Qui l'a apportée ?...

— Un petit paysan que je ne connais pas, — il m'a bien recommandé de guetter monsieur le comte au passage, — il a dit que c'était très pressé et très-important...

— Voilà qui est bizarre ! — murmura M. de Talmay ; — qui peut m'écrire ainsi et me faire tenir sa lettre au passage, au lieu de l'envoyer au château ?... Enfin, nous allons voir...

Puis, tout haut, il reprit :

— Michel.

— Monsieur le comte ?...

— Décrochez une des lanternes de la voiture et apportez-la ici !... — Tout de suite, monsieur le comte.

— Pardon de ce retard, mon cher baron, — dit Henry au procureur du roi, — vous voyez qu'il est absolument involontaire...

— Le retard n'existe pas, mon cher comte, répond M. d'Autrichard.

En même temps Michel revenait avec la lanterne demandée.

Pendant une ou deux secondes Henry examina d'un œil curieux et instinctivement inquiet l'apparence et la suscription de la lettre qui venait de lui être remise.

Elle était écrite sur du papier assez commun, — cachetée avec de la cire rouge sur laquelle se voyait en creux l'empreinte d'une pièce de vingt francs, et les caractères de l'adresse semblaient tracés par la main inexpérimentée d'une femme.

— Si ma jeunesse avait été plus orageuse, — pensa M. de Talmay, — et si je me trouvais au lendemain de mon mariage, je croirais que cette épître provient de quelque grisette dijonaise, de quelque Ariane abandonnée, de quelque ex-maîtresse facilement consolée, mais se disant inconsolable... — Mais je suis marié depuis quatre ans et mes Arianes furent peu nombreuses... — De qui diable ceci peut-il être ?...

Tout en se faisant pour la seconde fois cette question il rompit le cachet, et ses yeux coururent chercher la signature au bas de la page.

Cette signature manquait.

La lettre était une lettre anonyme.

DEUXIÈME PARTIE.

IX. — GEORGES ET MARTIAL.

Michel, debout sur le marchepied de la calèche, tenait la lanterne de façon à ce que tous ses rayons se concentrassent sur le papier déployé; — le visage de M. de Talmay restait par conséquent dans une obscurité complète, et le procureur du roi ne put voir la décomposition soudaine et profonde de ce visage envahi par une pâleur livide.

A quatre ou cinq reprises le comte lut et relut les quelques lignes qui semblaient produire sur lui l'effet de la tête de Méduse, puis il replia lentement la lettre, la glissa dans sa poche, et dit à Michel, d'une voix si changée qu'elle était presque méconnaissable :

— C'est bien ; — remettez la lanterne à sa place et que Jean fouette ses chevaux.

La voiture roula de nouveau.

M. d'Autrichard, un observateur trop habile et trop expérimenté pour n'avoir point remarqué l'altération et le tremblement de la voix d'Henry.

— Mon cher comte, — fit-il après un instant de silence, — pardonnez-moi de vous adresser une question peut-être indiscrète, mais qui trouve son excuse dans mon vif attachement pour vous... — J'espère que vous ne venez pas de recevoir de mauvaises nouvelles ?

— En aucune façon, mon cher baron, — répondit M. de Talmay avec une légèreté affectée dont le procureur du roi feignit d'être la dupe ; — cette lettre me parlait de choses tout à fait insignifiantes...

— Eh! bien, tant mieux — je suis enchanté de ce que vous me dites... — J'avais craint...

— Quoi donc ? — interrompit le comte avec une étrange violence, — qu'aviez-vous pu craindre, je vous prie ?...

— Que ce billet remis d'une façon bizarre et mystérieuse ne vous apprît un événement fâcheux...

— Merci de votre intérêt, mon cher baron, — répliqua Henry avec un rire saccadé qui faisait mal à entendre; — je vous affirme de nouveau que vos appréhensions étaient sans fondement... Ne savez-vous pas, d'ailleurs, que je suis l'homme heureux par excellence et que tout me réussit... J'ai beau regarder autour de moi, je ne vois pas quel malheur pourrait m'atteindre...

Après avoir ainsi parlé, M. de Talmay s'accouda dans l'angle de la calèche et resta muet et immobile pendant quelques minutes.

— Mon cher baron, — demanda-t-il ensuite brusquement, — est-ce demain que nous jugeons ce pauvre diable qui a tué sa femme et l'amant de sa femme ?

— Non; — c'est dans trois jours seulement. — Pourquoi cette question ?...

— Parce je pensais que nous pourrions donner à madame de Talmay et à ma tante le plaisir d'assister à la séance où viendra cette affaire...

— Rien de plus facile; mais ne craignez-vous pas que de telles émotions ne soient un peu violentes pour ces dames ?

— Bah! les femmes aiment toutes les émotions, quelles qu'elles soient, et je crois même qu'elles préfèrent les plus violentes aux plus douces...

M. de Talmay s'absorba dans un nouveau silence qu'il rompit tout à coup comme le premier.

— Jean! — s'écria-t-il.

— Monsieur le comte? — répondit le cocher en se retournant à demi sur son siège.

— Arrêtez vos chevaux...

Le cocher obéit.

M. de Talmay ouvrit la portière et sauta sur la route sans s'aider du marchepied.

— Que faites-vous? — demanda le procureur du roi.

— Je vous dis : *Au revoir* pour jusqu'à demain matin, et je vous laisse continuer votre chemin tout seul...

— Y songez-vous? — balbutia M. d'Autrichard stupéfait.

— Parfaitement.

— Vous retournez au château?...

— Non... non... ce n'est pas au château que je vais...

— Mais, voyons, quelle mouche vous pique?... — d'où vient ce changement incompréhensible dans vos projets?... — la lettre de tout à l'heure n'y est point étrangère, j'en suis profondément convaincu .. — Je vous en prie, je vous en supplie, mon cher comte, parlez-moi franchement, ne me laissez pas dans l'inquiétude où me voilà...—Je vous donne ma parole d'honneur que, si vous me quittez ainsi, je vais croire à un malheur... — Dites-moi ce qui se passe, sinon je ne vous laisse point partir seul, et, au risque de ne pas me trouver à mon poste demain matin, je vous accompagne cette nuit.

Et M. d'Autrichard, joignant l'action aux paroles, descendit de voiture à son tour et prit *les deux mains de M. de Talmay.*

— Cher baron, — dit ce dernier après un instant d'hésitation, — vous voulez tout savoir...

— Je vous conjure de ne me rien cacher...

— Eh bien, soit. — Seulement, vous allez perdre une partie de la bienveillante estime que vous aviez pour moi jusqu'à ce jour...

— C'est impossible.

— Ce n'est que trop vrai, cependant...—N'oubliez pas, du moins, n'oubliez jamais que vous forcez mes confidences et que je n'aurais point eu l'impudeur de vous les faire entendre, si vos instances ne m'y contraignaient malgré moi...

— Expliquez-vous, mon cher comte, je ne vous comprends pas...

— Vous ne me comprendrez que trop tôt... — Je passe pour un homme de mœurs irréprochables, n'est-ce pas? — tout le monde le dit, tout le monde le croit; et vous le croyez comme tout le monde...

— Sans doute.

— Eh bien, cette réputation est usurpée... — je ne vaux pas

Georges était anéanti par le courroux de la comtesse. (Page 29.)

mieux que tant d'autres maris... j'ai des maîtresses... — la lettre qui m'a été remise tout à l'heure était de l'une d'elles... — Elle m'écrit qu'elle veut me voir cette nuit, et je vous quitte pour aller à son rendez-vous... — Vous avez reçu ma confession très-complète et très-franche... — vos inquiétudes sont dissipées. — Maintenant, mon cher baron, adieu, ou plutôt au revoir...

— Mon ami, — répondit le procureur du roi d'une voix triste, — je ne vous adresserai pas de reproches, — je n'en ai pas le droit;—je ne vous ferai pas de morale, — à quoi bon? — je vous dirai seulement que vous venez de détruire une de mes plus douces illusions...

— Jusqu'à ce jour j'avais admiré l'accord et le bonheur de votre ménage, et je m'étais persuadé qu'entre une femme belle et chaste comme madame de Talmay et un homme de cœur et d'intelligence comme vous, cet accord et ce bonheur pouvaient durer toujours...— Je m'étais trompé... — je vois que le cœur et l'intelligence sont impuissants à lutter contre les passions victorieuses, et que pour satisfaire je ne sais quelle soif insensée de voluptés coupables, le plus sage foule aux pieds sans remords le repos et l'honneur de sa vie.

— Ainsi, vous me méprisez, n'est-ce pas?...

— Je ne vous méprise pas, je vous plains.

— Oui, plaignez-moi,—murmura M. de Talmay avec une émotion qui le domina malgré lui... — plaignez-moi, car moi aussi j'avais fait un beau rêve qui s'est évanoui... — plaignez-moi, car je ne suis pas heureux, et je ne le serai plus jamais...

Henry saisit la main du procureur du roi, la serra avec force et s'éloigna rapidement. M. d'Autrichard l'appela à deux reprises, sans recevoir de réponse, et le perdit bientôt de vue dans l'obscurité.

Il remonta alors en voiture et, donnant l'ordre au cocher de continuer sa route vers Dijon, il se plongea dans une série de réflexions désolantes sur le brutal et sensuel matérialisme des hommes, et sur la triste destinée des pauvres femmes, trompées presque toujours et souvent abandonnées tout à fait pour des créatures qui ne sont pas dignes de toucher au lacet de leurs bottines.

Laissons le procureur du roi se diriger solitairement et tristement vers l'antique cité des ducs de Bourgogne. — Laissons M. de Talmay courir à ce rendez-vous mystérieux dont nous venons de l'entendre parler et auquel, il faut bien le dire, nous n'ajoutons pas une foi aveugle, et rejoignons le docteur Martial et Georges de Commarin au moment où ils quittent le perron du château pour s'enfoncer dans les ténébreuses allées du parc.

Pendant quelques minutes les deux amis marchèrent l'un à côté de l'autre sans échanger une parole.

— Georges, — dit enfin Martial, — sais-tu pourquoi je t'ai prié de sortir avec moi?

— Mais, pour nous promener ensemble sans doute... — Avais-tu quelque autre raison?

— Oui.

— Laquelle?

— Je voulais user des droits imprescriptibles que me donne notre vieille et profonde amitié, — je voulais te parler à cœur ouvert et te prier de me répondre de même...

— De quel air solennel tu me dis cela!... — s'écria M. de Commarin en riant... — Pourquoi diable ce ton sérieux?

— C'est que je ne sais rien au monde de plus sérieux que le sujet dont je vais t'entretenir...

— De quoi s'agit-il donc?

— De ton avenir.

— Il t'inquiète?

— Il fait plus que m'inquiéter, — il m'épouvante.

— Parce que je suis ruiné, sans doute?

— Ceci n'est rien; — je te crois parfaitement capable de refaire ta fortune le jour où tu voudras sérieusement t'en donner la peine...— d'ailleurs, pour un homme de ton nom et de ton intelligence, la misère ne saurait exister. — Ton éducation et les protections dont tu disposes t'ouvrent la porte de tous les emplois...

— Je suis de ton avis et par conséquent je ne comprends guère l'épouvante que tu me témoignais à l'instant...

— Les circonlocutions et les périphrases ne sauraient être de mise entre nous, mon cher Georges, par conséquent j'irai droit au but. — Tu es en train de te perdre irrévocablement et déplorablement...

— Moi? — fit M. de Commarin avec une surprise qui n'avait rien d'affecté.

— Oui, toi.

— Mais enfin, comment?. .

Martial approcha ses lèvres de l'oreille de son interlocuteur, et murmura d'une voix très-basse:

— Où crois-tu que te conduira ton amour pour madame de Talmay? Georges tressaillit.

Voilà le coupable! (Page 31.)

— Mon amour pour madame de Talmay? — balbutia-t-il, — que dis-tu?

— La vérité.

— Tu es dans l'erreur, mon ami, — dans la plus complète erreur...—l'intérêt que tu me portes t'entraîne dans une fausse voie... tes suppositions t'égarent...

— Ainsi, tu m'affirmes que je me trompe?

— Je te l'affirme.

— Georges, je te sais homme d'honneur, — donne-moi ta parole d'honneur que tu n'aimes pas la comtesse, et je te croirai... — et je serai heureux de te croire...

M. de Commarin garda le silence.

— Tu te tais, — reprit Martial, —parce que tu n'oses point souiller ta lèvre par un faux serment... — ton silence est éloquent! — il équivaut au plus complet de tous les aveux...

Georges continuait à ne pas répondre... le docteur continua vivement.

— A quoi te servirait de nier l'évidence? — depuis quelques heures je t'observe, et ce que j'ai vu ne saurait laisser subsister dans mon esprit l'ombre d'un doute... — Ta défiance m'étonne et me blesse... — ne sais-tu pas que je suis le meilleur de tes amis? — doutes-tu de mon caractère? — me crois-tu capable de trahir lâchement un secret qui te touche? — Si telle est ton opinion sur mon compte, dis-le-moi, Georges, et je te jure que ma main aura serré la tienne tout à l'heure pour la dernière fois...

— Tu es fou!... — répliqua M. de Commarin avec une brusquerie pleine d'émotion... — non, je ne doute pas de toi, — je douterais plutôt de moi-même... — Mais tu dois comprendre ma surprise et mon trouble en te voyant si bien instruit de ce que je croyais inconnu du monde entier... — Sois donc mon confident, puisque tu le veux, —je ne saurais en avoir un plus cher...—Eh bien, oui, tu as raison, j'aime la comtesse...

— C'est-à-dire que tu crois l'aimer.

— Martial, tu blasphèmes! — ce que j'éprouve est un ardent et sérieux amour qui me domine et qui m'absorbe tout entier!...

— Combien de fois, depuis dix ans, n'as-tu pas dit et répété: J'aime, et c'est pour toujours!... Quelques semaines s'écoulaient, et ces passions qui devaient être éternelles s'éclipsaient pour faire place à des amours nouvelles, non moins ardentes et non moins éphémères...

— Martial, je t'en supplie, ne compare rien de ce que j'ai ressenti jusqu'à présent avec ce qui se passe aujourd'hui dans mon cœur...

— Oui, certes, bien souvent déjà j'ai cru aimer et je me trompais, et c'est parce que j'ai compris le néant de ces folles tendresses, c'est parce que l'expérience du passé menteur m'a permis de ne plus confondre l'illusion vaine et la réalité, c'est à cause de cela, Martial, que je te dis avec certitude : — J'aime pour la première fois, et d'un amour qui ne finira qu'avec ma vie!...

— Eh bien, soit; — j'admets que ton mal soit dangereux et presque mortel, mais cependant il n'est pas incurable... — avec du courage et de la force de volonté, tu guériras?...

— Je ne veux pas guérir.

— Il faut vouloir! — Ta conscience et ton intérêt t'imposent la loi de résister à une passion qui creuse un abîme sous tes pieds...

— Je ne vois pas l'abîme, et d'ailleurs, s'il existe, peu m'importe d'y tomber...

— Tu aurais peut-être le droit de parler ainsi si tu devais y tomber seul, — mais une autre, celle que tu aimes y roulerait infailliblement avec toi...

— Prophète de malheur, je ne te crois pas.

— Tu me croiras malgré toi, car je vais te dessiller les yeux et te faire toucher du doigt la position réelle que tu me sembles ne pas bien comprendre...

— Parle, — murmura Georges avec résignation, — je t'écouterai puisqu'il le faut; mais je te défie de me convaincre...

— Ah! — s'écria Martial, non sans une involontaire amertume, — il me semble entendre un malade disant à son médecin : — *Je te défie de me soulager!...* — Le médecin du corps n'en entreprendrait pas moins la cure... — Le médecin de l'âme agira de même! — Parlons de toi d'abord, Georges; — ce ne sera pas long. — La morale n'a chance d'être écoutée qu'à condition d'être courte. — Tu es ruiné, — je ne t'en ferai point de reproche, et d'ailleurs le mal est médiocre puisque tu conserves le droit d'écrire au-dessus de ton bilan : *Tout est perdu, fors l'honneur!...* Mais pour garder cet honneur intact, il te faut appeler à toi deux alliés, le travail et le courage; — or, ni l'un ni l'autre ne te viendront en aide, tu le comprends, si tu t'abandonnes corps et âme aux dissolvantes préoccupations d'un amour coupable!... — Te voilà devenu, par la seule faute, non plus un des heureux du siècle, mais un des combattants de la vie... — Les hasards de la bataille quotidienne t'entraîneront loin du château de Talmay, et comment feras-tu pour t'en éloigner si ton cœur et ton âme y restent enchaînés.

Le docteur s'interrompit.

— Georges, — fit-il après une pause, — l'obscurité me cache ton visage, mais je devine le sourire qui vient à tes lèvres. — En ce moment tu te dis : — *Eh! que m'importe tout le reste, pourvu que je sois aimé!* — Est-ce vrai, cela?

— C'est vrai, — répondit franchement M. de Commarin.

— Eh bien, — continua Martial, — je vais te suivre sur ce terrain... — J'admets que tu sois aimé, — j'admets que la comtesse oublie et foule aux pieds pour toi ses devoirs... — ce serait le bonheur, te dis-tu ?

— Ce serait le ciel!...

— Jusqu'au jour du coup de tonnerre, et ce coup de tonnerre arriverait bien vite... — Le comte n'est pas de ces maris faciles à tromper, à qui l'on peut appliquer les paroles du Psalmiste : *Ils ont des yeux pour ne point voir et des oreilles pour ne point entendre...* — Une parole imprudente, un regard mal dissimulé, suffiraient pour tout lui faire apprendre... — il ne m'en a pas fallu autant, à moi, pour tout deviner... — Qu'arriverait-il alors ?

— Parbleu!... — interrompit Georges, — il arriverait la chose du monde la plus simple et la plus prévue, — un coup d'épée à donner ou à recevoir... — J'en ai donné beaucoup, et j'en ai reçu fort peu. — Ce n'est pas précisément cela qui peut m'effrayer.

— Tu te trompes, répliqua Martial, — le comte ne se battrait pas avec toi...

— Que ferait-il donc?

— Je ne sais; — mais ce qu'il ferait serait effrayant, j'en ai la conviction intime. — N'as-tu pas entendu ce qu'il a dit, ce soir, au souper, ou ne te souviens-tu plus de ses paroles?

— J'ai entendu et je n'ai rien oublié.

— Alors, tu te dis donc que ces coupables lui semblerait un châtiment trop doux...

— Ceci est une exagération mélodramatique.

— Non; — c'est l'expression littérale de la pensée du comte... — Je le regardais en entendant prononcer cet infâme qu'il parlait, et je te jure que j'ai vu briller dans ses yeux l'éclair farouche d'une détermination sans appel.

— Eh bien, après tout, s'il me plaît de risquer le tout pour le tout?

— Tu oublies madame de Talmay... — l'exposeras-tu volontairement au long supplice de quelque vengeance implacable?

— Crois-tu donc que moi vivant, ce supplice se prolongerait? — Crois-tu que je ne saurais point soustraire ma bien-aimée à cette vengeance?

— Et... comment?

— Nous fuirions ensemble, s'il le fallait, et nous irions cacher tous deux notre amour et notre bonheur sous quelque ciel lointain...

— Ah! — s'écria Martial, — combien j'avais raison de dire tout

à l'heure qu'il fallait te faire toucher du doigt ta position réelle; car tu ne la connaissais pas! — Tu parles de fuir!... — tu parles d'un ciel lointain! — tu rêves sans doute quelque romanesque chalet blotti sous les sapins, au bord du Léman, ou quelque mystérieuse villa, blanche parmi les lauriers-roses des rives enchantées du lac de Côme, et tu oublies, mon pauvre Georges, qu'il faut être riche pour réaliser ces beaux plans, et qu'aujourd'hui tu es pauvre...

— Ah! — murmura M. de Commarin avec une rage concentrée, — l'argent!... l'infâme argent!...

— Eh! mon Dieu, tu subis la loi commune... — on n'apprécie bien réellement la valeur des choses que lorsqu'on ne les possède plus... — Tu es ruiné... — c'est un fait accompli... — console-toi... — mets en œuvre ton intelligence et ton énergie pour reconquérir une fortune, et ne songe point à faire partager ton mauvais sort à une pauvre femme qui ne pourrait trouver avec toi que la misère et le déshonneur en échange du respect et de la richesse qui l'environnent aujourd'hui... — Comprends-tu que ce serait mal?... — comprends-tu que ce serait lâche?... — comprends-tu que ce serait infâme?

— Je comprends tout cela, — fit Georges d'une voix si basse que Martial devina sa réponse plutôt qu'il ne l'entendit.

— Bien! — s'écria le jeune docteur, — bien, mon ami! — je n'attendais pas moins! — Puisque, grâce au ciel, j'ai pu éclairer ta conscience et faire briller à tes yeux la vérité, je ne crains rien désormais et tout est sauvé... — Ta loyauté te dira qu'il faut partir et ne plus revoir celle dont la perte et le malheur seraient ton ouvrage... — Au point du jour nous quitterons ensemble le château et tu n'y reviendras jamais...

M. de Commarin baissa la tête et garda le silence.

— Georges, — demanda Martial avec inquiétude, — Georges, pourquoi ne me réponds-tu pas?

— Que puis-je te répondre?

— Promets-moi de partir et de ne revenir jamais... — Me le promets-tu, mon ami?

— Non, — murmura Georges d'une voix sourde; — non, je ne puis promettre.

— Mais, pourquoi ce refus?... — n'ai-je pas su te convaincre?

— Tu m'as convaincu, — mais je t'aime, et je sais bien que l'amour est plus fort que tous les raisonnements du monde...

— Ainsi, tu persévères?

— Il le faut bien... — Je l'aime!...

— Sans scrupule et sans remords tu vas marcher en avant?

— Je l'aime!...

— Tu vas jouer sur une carte la vie, le bonheur et l'honneur de deux hommes et d'une femme?

— Je l'aime, et le reste n'est rien!

— Allons, murmura Martial, — j'ai prêché dans le désert! — va donc où la folie te pousse. — je t'abandonne à ta destinée!

Les deux hommes marchèrent pendant quelques minutes l'un à côté de l'autre, lentement et sans échanger une parole.

Martial s'arrêta tout à coup.

— Écoute, — dit-il en prenant la main de Georges, — je veux te sauver malgré toi... — Je connais assez le cœur humain pour savoir que tu ne me pardonneras jamais le service que je vais te rendre, et que la preuve de profonde affection que je vais te donner m'attirera ta haine... — mais qu'importe?... — Les vingt mille francs dont tu as besoin pour sauver ta liberté menacée, ces vingt mille francs que je t'ai offerts, je te les reprends; — je ne te les donnerai pas; — il te faudra donc t'éloigner de ce château dès demain; que ce soit pour quitter la France ou pour franchir le seuil de la prison pour dettes...

— Je m'attendais à ce que tu viens de me dire, — répliqua M. de Commarin avec une ironie qu'il ne cherchait point à dissimuler; — rien n'est plus simple, je t'assure, et tu pouvais, pour en arriver à cette conclusion, t'épargner les frais d'éloquence que tu prodigues en pure perte depuis le commencement de cet entretien...—Ton premier mouvement avait été plus généreux que calculé; — j'admire la prudence du second... — tu as réfléchi que je pouvais fort bien être tué par le comte de Talmay, en ce cas, mes vingt mille francs seraient perdus... — Tu as raison. — *Chacun pour soi!...* — c'est la devise générale!

Martial haussa les épaules.

— Tes paroles amères et railleuses ne me blessent pas, mon pauvre ami, — dit-il, — mais elles m'affligent profondément... — Je ne te fatiguerai plus de conseils inutiles... — je te crierai seulement : — Prends garde!... j'ai des pressentiments funestes.

— Bah! — répondit M. de Commarin en riant, — tes pressentiments se calmeront bien vite, maintenant que ton argent est sauvé...

Et le jeune homme, pirouettant sur ses talons, s'enfonça dans une allée latérale, laissant Martial immobile à la place où s'étaient échangées les dernières répliques que nous venons de rapporter.

— J'ai fait mon devoir, — murmura tristement le docteur... — J'ai tout essayé... — j'ai lutté de mon mieux... j'ai été vaincu, cela devait être... — Que Dieu permette maintenant qu'il n'arrive pas malheur...

Et, après ce court monologue, Martial reprit le chemin du château.

Onze heures du soir sonnaient en ce moment à l'horloge du principal corps de logis.

§

A l'instant précis où M. de Commarin se séparait si brusquement de son compagnon, un bruit léger, presque imperceptible, s'était fait entendre au milieu des massifs de lilas bordant l'allée dans laquelle marchaient les deux hommes.

Ce bruit, semblable à celui que produirait un chevreuil en quittant son gîte, se renouvela à deux ou trois reprises sur le passage de Georges qui allait au hasard, à grands pas et la tête baissée.

Ce froissement de feuilles sèches et de branches mortes n'attira d'ailleurs pas un seul instant l'attention du jeune homme, mais il doit attirer la nôtre.

Un espion mystérieux, caché dans le feuillage, suivait M. de Commarin d'assez près pour ne point le perdre de vue dans l'obscurité.

Cet espion avait assisté à toute la dernière partie de l'entretien des deux hommes.

X. — UN OUBLI.

Il était tout près de minuit.

Les hôtes du château venaient de quitter l'un après l'autre le boudoir dans lequel ni Georges ni Martial n'avaient reparu.

La baronne de Lamargelle et Marie restaient en tête à tête.

— Ma nièce mignonne, — dit tout à coup Sylvanire en passant un bras autour de la taille de la jeune femme, — l'une des choses les plus précieuses de ce monde, vois-tu, c'est un bon conseil, et je vais t'en donner deux...

Madame de Talmay fixa sur sa tante ses beaux yeux limpides qui disaient très-clairement : — Je ne vous comprends pas.

— Crois-en mon expérience, — poursuivit la douairière, — j'en suis pourvue beaucoup plus que mon âge ne semblerait le comporter; — cela tient à ce que j'ai sans cesse vécu dans le monde depuis ma toute première jeunesse !... — Bref, ma tourterelle, si tu continues de cette façon, je te préviens que tu ne tarderas guère à te compromettre abominablement...

— Moi, me compromettre! — murmura la comtesse avec un étonnement plein de candeur. — Me compromettre, — répéta-t-elle, — et comment ?...

— Crois-tu donc que tous ces messieurs n'ont pas remarqué ce soir ta pâleur et ta préoccupation? — L'une et l'autre, je t'assure, étaient assez visibles! — Au moment où je te parle, les conjectures doivent aller bon train!... — Je n'exagère rien, ma mignonne... Tu ressemblais à une belle statue d'albâtre, et c'est à peine si tu répondais lorsqu'on t'adressait la parole. — Eh! mon Dieu, je sais à merveille qu'on n'est pas toujours maîtresse de soi. — D'abord tu pensais à LUI, et puis, monsieur ton mari, mon coquin de neveu, est venu te mettre martel en tête avec ses férocités et ses abominables théories sur les vengeances conjugales... (Je me réserve même de lui exprimer, en temps opportun, ma manière de voir à cet égard.) — Jour de Dieu! si feu monsieur le baron de Lamargelle s'était permis de formuler en ma présence des opinions à ce point subversives, les choses seraient mal allées!... — Vertugadin! si celles à qui les menaces d'un mari donnent de l'éperon! — J'étais attachée à mes devoirs autant que femme de ce monde, personne ne l'ignore. Eh bien, ma mignonne, je t'affirme qu'en un cas pareil je n'aurais pu répondre de moi! — Voilà comme je suis... — J'en arrive à mes deux conseils. — Rien n'est indiscret comme la pâleur. — Quand tu n'auras pas sur les joues les belles roses de tous les jours, n'oublie pas de mettre un soupçon de rouge, et, crois-moi, tu t'en trouveras bien. — Voilà mon premier conseil. — Le second est tout aussi simple.

— Lorsque tu te sentiras préoccupée un peu plus que de raison, laisse-toi verser, à dîner ou à souper, un deux verres de vin de Champagne... tes soucis disparaîtront aussitôt, et jamais tu ne te seras sentie plus gaie... — Le feras-tu?...

— Mais, ma tante, — répondit la comtesse un peu étourdie par ce long discours, — la préoccupation que vous avez cru remarquer avait une cause toute naturelle et nullement mystérieuse...

— Et cette cause, peut-on la connaître?

— L'orage qui m'accablait et me faisait horriblement mal aux nerfs...

— Ta! ta! ta!... ma nièce chérie, j'y vois clair et j'en sais plus long que toi... — Certainement il y avait de l'orage dans l'air, mais il y en avait surtout dans ton cœur... — Ce joli orage, vois-tu bien, n'a point de secrets pour la bonne tante Sylvanire... — Je ne te le demande pas ce soir, tes petits secrets. — Nous causerons demain. — Georges est charmant! — Ne sois pas jalouse... j'ai la tête tournée de lui! — Allons, bonsoir, ma mignonne; — il se fait tard, allons nous mettre au lit. — Veux-tu que je sonne pour que Flore vienne te dévêtir?

— Non, chère tante, ne sonnez pas, — Flore n'est plus à mon service.

— Elle t'a quittée?...

— Je l'ai congédiée.

Madame de Lamargelle poussa un cri de surprise.

— Tu as renvoyé Flore! — dit-elle avec une stupeur manifeste. — E t-ce possible!

— Oui, ma tante.

— Mais c'est de la folie! — Comment, tu as fait cela, après ce que t'avais dit! après ce que tu m'avais promis!...

— Pour rien au monde je n'aurais consenti à garder plus longtemps auprès de moi cette créature impertinente...

— Avais-tu donc à lui reprocher quelque autre chose que ce que j'ai eu la maladresse de te dire?

— J'avais à lui reprocher la plus grave, la plus impardonnable de toutes les offenses.

— Voyons... voyons... raconte-moi cela.

Marie fit à madame de Lamargelle un récit rapide des faits que nous connaissons déjà, et qui avaient motivé le renvoi immédiat de la soubrette.

— Ce billet de Georges, — demanda vivement la baronne, — qu'est-il devenu?

— Je l'ai brûlé.

Madame de Talmay, en faisant cette réponse, s'écartait quelque peu de la vérité, mais son mensonge avait une excuse qui nous semble parfaitement valable. — Si la baronne avait pu se douter que le billet existait encore, elle aurait insisté pour le connaître, et comment refuser de le satisfaire?

— Tu l'as brûlé! — s'écria-t-elle, — mais au moins tu te souviens de ce qu'il contenait, et tu vas me le dire...

— Je ne l'ai pas lu.

— Quoi, pas un peu? pas même un peu?...

— Non, ma tante, pas même un peu.

— Vrai?

— Je vous le jure.

— Eh bien, c'est un tort, ma mignonne. — Qu'on refuse un billet .orsqu'on peut se dispenser de le recevoir, je comprends cela et je l'approuve; — mais quand on l'a dans les mains et qu'il n'existe aucun moyen de s'en défaire, il faut le lire avant de le brûler; — cela ne compromet pas davantage, et du moins on sait à quoi s'en tenir... — La prochaine fois que cela t'arrivera, suis mon conseil, ma petite, lis d'abord et brûle ensuite.

— Ah! ma tante, j'espère bien que ce billet sera le seul, et que je n'en recevrai jamais d'autre...

— Chère mignonne, quelle illusion!... plus de billets doux à ton âge! — autant vaudrait que les bluets et les coquelicots manqueront dans les blés en juillet!... — Mais revenons à ce qui concerne la pauvre Flore... — Je ne prétends point que cette petite ait eu raison, mais elle a fort bien faire, et cela mérite indulgence... — Je lui parlerai demain matin, — elle te présentera ses excuses et tu la garderas.

— N'en faites rien, ma tante, je vous prie. — Je serais désolée de vous déplaire en quoi que ce soit, mais ma détermination est irrévocable. — Mademoiselle Flore n'est plus à mon service, — elle n'y rentrera pas, et, si elle demandait à me parler, je refuserais de l'entendre.

— C'est bien... — répliqua la baronne un peu piquée. — Tu es la maîtresse chez toi... — Agis donc à ta guise. — Tu perds par ta faute une excellente femme de chambre. — Mais cela te regarde. — N'en parlons plus...

Sylvanire s'était levée.

— Bonne nuit, ma chère, — dit-elle d'un ton sec qui contrastait étrangement avec son expansion habituelle.

— Bonne nuit, ma tante... — murmura la comtesse, qui fut dispensée ce soir-là d'appliquer ses lèvres fraîches sur les joues peintes de la douairière.

Un instant après madame de Talmay entrait dans sa chambre, allumait elle-même ses bougies, — se déshabillait rapidement, sans l'aide de mademoiselle Flore, et passait un ample peignoir blanc à peine retenu autour de sa taille souple et gracieuse par une ceinture à bouts flottants.

En quelques minutes cette toilette de nuit fut achevée, et la jeune femme put tirer du sanctuaire de sa gorgerette le billet qu'elle avait caché dans ce discret et charmant asile au moment de l'arrivée de son mari.

Elle le déploya de nouveau; — elle se souvint des conseils si catégoriques donnés par la baronne Sylvanire, un instant auparavant, à l'endroit des correspondances amoureuses, et, au lieu de l'allumer à la flamme de l'une des bougies, elle se demanda :

— Le lirai-je?... — Pourquoi non?... — Si je le lis, qui le saura?

— Ma conscience... — se répondit-elle après un combat qui ne dura qu'une ou deux secondes.

Aussitôt, avec un courage qui nous semble véritablement héroïque, elle mit le feu à l'un des angles de la feuille de papier, qu'elle prit tout embrasée dans la cheminée. — Les phrases ardentes de M. de Commarin ne furent bientôt plus qu'une cendre grise et légère sur laquelle se poursuivaient de rares étincelles.

Quand la dernière de ces étincelles eut disparu, Marie sentit se dissiper soudain la force fébrile et factice qui la soutenait depuis le commencement de la soirée. — Elle ploya comme un roseau brisé, — elle se laissa tomber sur un siège, et sa pensée, qu'elle n'était plus capable de diriger, se tourna vers Georges avec l'instantanéité de l'aiguille aimantée qui s'élance vers le pôle.

On trouve dans les livres saints un verset dont voici le sens : — *La femme mariée, lorsqu'elle regarde avec complaisance un autre homme que son mari, a déjà commis l'adultère dans son cœur.*

C'est terrible et c'est vrai.

Ce n'est pas seulement la fidélité du corps que l'époux, devant la loi et devant Dieu, a le droit d'exiger de sa compagne légitime, c'est aussi la fidélité de l'âme.

Madame de Talmay, absorbée dans cette rêverie muette et profonde où passait l'image de M. de Commarin, était donc coupable déjà, et, cependant, nous l'affirmons, l'ange gardien de la pauvre enfant n'avait pas encore sujet de remonter au ciel en cachant avec ses blanches ailes la rougeur de son front humilié.

Nulle part il n'aurait été possible de trouver une femme plus profondément attachée à ses devoirs que ne l'était la comtesse, et plus sincèrement convaincue qu'elle aimait son mari sans partage.

En cela elle se trompait, mais nous croyons que son erreur peut paraître excusable, même aux yeux du moraliste le plus sévère.

Pour connaître l'origine et le point de départ de cette erreur, il nous faut remonter dans le passé jusqu'à l'époque du mariage de mademoiselle de Longecourt.

A l'occasion de ce mariage, nous avons dit que la jeune fille aimait, ou du moins qu'elle *croyait aimer* son fiancé, — ce qui, — ajoutions-nous, — revient au même en maintes circonstances.

Presque toujours, — disions-nous encore, — l'amour commence par une douce illusion, qui parfois se transforme en réalité délicieuse, mais parfois aussi n'amène à sa suite que déception amère.

Marie, au moment où son union avec le comte de Talmay venait d'être arrangée par madame de Lamargelle et par le marquis d'Espoisses, s'était trompée, comme se trompent la plupart des jeunes filles, sur la véritable nature de ses sentiments. — Elle avait pris pour de l'amour ce qui n'était autre chose que la première amitié vive d'un cœur ingénu et inexpérimenté.

La déception avait été prompte, mais point cruelle, et pour ainsi dire inaperçue de la comtesse elle-même.

Ceci peut paraître obscur et quintessencié, et demande une explication que nous allons donner brièvement.

Marie, nature aimante et expansive, avait trouvé chez son mari une tendresse immense, mais concentrée, dont son intelligence un peu superficielle, quoique vive et brillante, n'était point faite pour comprendre la profondeur et la sincérité.

M. de Talmay, nous le savons, réunissait la fermeté à une extrême courtoisie, mais les habitudes presque austères de sa jeunesse et la rigidité de ses mœurs n'avaient pu lui donner ces faciles et communicatives séductions, ce langage romanesque et passionné, même à froid, ces allures de héros de roman ou de jeune premier de drame, qui plaisent à toutes les femmes, même aux plus remarquables par la solidité de leur esprit, — frivoles mais immenses avantages que les hommes acquièrent dans les pratiques de la galanterie expérimentée.

Tout cela manquait à Henry, et à vrai dire, il professait pour tout cela le dédain le plus absolu.

Il avait tort.

Laissez aux enfants leurs jouets fragiles. — Ne refusez point aux femmes la comédie de l'amour en même temps que l'amour lui-même.

Bref, M. de Talmay fut méconnu par Marie. — Le diamant pur de la passion existait au fond de son âme, mais si bien caché que la jeune femme n'en vit pas les rayonnements. — Elle crut à une froideur qui n'existait pas, — elle ne songea point d'ailleurs à s'en plaindre, et comme elle avait senti son illusion d'amour se dissiper peu à peu, elle ne demanda à Henry rien de plus que ce qu'il semblait disposé à lui donner, et elle se trouva parfaitement heureuse.

Le mal commençait à peine, et déjà il était irréparable, puisque deux époux, dignes de toute leur affection et de toute leur estime réciproques, ne se comprenaient pas au début de leur union. — Ce mal allait grandir rapidement.

L'âme et le cœur d'une femme jeune, belle, et naturellement tendre, ne sauraient s'accommoder toujours de l'indifférence. — Ainsi que les objets soumis aux lois physiques, ils ont horreur du vide.

Marie vécut pendant trois ans d'une vie calme à laquelle son cœur ne prenait aucune part. — Il semblait endormi.

Un jour il s'éveilla, et, nous devons le dire et le répéter, puisque rien au monde n'est plus strictement et plus littéralement vrai, la jeune femme ne s'aperçut point de ce réveil.

Longtemps elle avait vu, presque sans le remarquer, Georges de Commarin, l'un des hôtes assidus de sa maison. — Par quel étrange et inexplicable mystère du cœur féminin, par quelles gradations insensibles et comparables à la lente métamorphose de la chenille en papillon, cette indifférence absolue se changea-t-elle en amour?...

Peut-être de plus habiles que nous oseraient-ils entreprendre et sauraient-ils mener à bonne fin cette longue et patiente étude...

Quant à nous, — humblement nous l'avouons, — nous ne saurions répondre à la question que nous avons posée deux ou trois lignes plus haut.

Seulement (et nous revenons à dessein pour la troisième fois sur ce fait incontestable, mais invraisemblable), Marie aima Georges sans le savoir d'abord, et si, par la suite, quelque lumière se fit relativement à ce qui se passait dans son âme, ce ne fut qu'une lumière imparfaite.

Il ne fallut rien moins que les révélations et les affirmations de madame de Lamargelle pour éclairer la jeune femme et pour lui apprendre ce qui se passait en elle-même.

La démarche de Georges osant lui écrire et lui faire remettre son billet, porta le dernier coup à ses doutes et à ses incertitudes, et, mieux comprises que les paroles de Sylvanire, fit comprendre à Marie la nature du sentiment qu'elle éprouvait.

Elle eut peur, alors, — elle eut peur de cet amour qu'elle ne s'était point encore avoué et que tout le monde devinait déjà autour d'elle.

— Elle se prépara à la résistance, et nous venons de la voir brûler sans le lire le billet de M. de Commarin.

Nous avons dit, ce nous semble, à peu près tout ce qu'il importait de dire relativement au passé.

Marie était coupable déjà, nous le répétons.

Mais ne pourrions-nous ajouter : *Que celle de nos lectrices qui n'a jamais failli, même en pensée, lui jette la première pierre...*

Au bout de quelques instants la jeune femme reprit quelque force, et quittant le siège sur lequel nous l'avons laissée assise, ou plutôt étendue, elle secoua la tête comme pour chasser par ce mouvement les rêveries qui l'assiégeaient, — et tout inondée par ses belles nattes blondes dénouées et ruisselant sur ses épaules, elle s'approcha de l'une des fenêtres et présenta son front brûlant à l'air à peine rafraîchi de la nuit.

Marie était résolue et de bonne foi dans ses projets de lutte. — Elle ne se dissimulait point que la victoire serait difficile, mais elle comptait cependant sur cette victoire.

— Ce qu'on veut fermement, — se disait-elle, — on le peut!... — Or, je mourrais plutôt que de commettre une action qui me force à rougir!...

Le plus simple bon sens suffit pour indiquer, dans l'hygiène de l'âme comme dans celle du corps, l'utilité des *dérivatifs*.

Marie comprit qu'elle ne se déroberait à l'obsession de ses pensées qu'en évoquant d'autres pensées d'un ordre tout différent. — Elle se mit à l'œuvre sans perdre une seconde, et ses lèvres murmurèrent le nom de son mari, comme pour forcer son cœur à prononcer ce nom en même temps.

Mais si les lèvres furent dociles, le cœur resta rebelle et muet.

Cependant la jeune femme ne se découragea point. — Obstinée dans sa tâche courageuse, elle commanda à sa mémoire de lui retracer les moindres actions et les moindres paroles de M. de Talmay pendant la journée qui venait de finir.

Ce travail mnémotechnique lui rappela naturellement les vingt mille francs en billets de banque dont le comte l'avait rendue dépositaire au moment où il quittait le château.

Ce souvenir fit passer un petit frisson dans ses veines.

Elle avait oublié les vingt mille francs dans le meuble de bois de rose que nous connaissons, et n'avait même pas songé à fermer à clef la porte du boudoir en remontant chez elle.

C'était veiller négligemment sur le dépôt dont il lui avait fallu accepter la garde, et qu'elle aurait dû conserver avec elle et serrer au fond du plus inviolable des tiroirs de sa chambre à coucher.

La comtesse se reprocha cet imprudent oubli et se dit qu'il fallait le réparer au plus vite.

Sa résolution fut prise aussitôt.

Un bougeoir à la main, elle traversa son antichambre et elle ouvrit la porte qui donnait sur la galerie.

Aucun bruit ne se faisait entendre. — Tout semblait endormi dans le château. — Minuit et demi venaient de sonner.

Madame de Talmay longea la galerie et s'engagea dans l'escalier.

XI. — L'ENTREVUE.

Nous avons dit, dans l'un des chapitres précédents, que le boudoir de style Louis XV se trouvait à la suite du grand salon Louis-Quatorzième. Nous devons ajouter que ce boudoir communiquait lui-même avec une très-petite pièce dans laquelle, les soirs de grande réception, on plaçait des tables de bouillotte et d'écarté.

Cette dernière pièce terminait l'enfilade des appartements d'apparat du rez-de-chaussée. — Une porte, dissimulée derrière les plis de la tenture de toile perse, ouvrait sur un escalier dérobé conduisait au premier étage.

Madame de Talmay, miraculeusement belle sous son peignoir blanc et avec ses longs cheveux d'un blond si pur et si doux flottant sur ses épaules, s'arrêta sur le seuil du boudoir et jeta autour d'elle un regard qui révélait clairement les petites terreurs si naturelles à la femme qui se trouve isolée au milieu des ténèbres mal combattues par la flamme vacillante du flambeau qu'elle tient à la main.

Le silence qui régnait dans le boudoir la rassura.

On n'entendait d'autre bruit que le tic-tac faible et monotone de la pendule Pompadour assise sur le dos de l'éléphant de porcelaine conduit par les deux petits nègres.

Après l'hésitation très-courte que nous venons de signaler, madame de Talmay entra et se dirigea vers le chiffonnier dont l'un des tiroirs renfermait le portefeuille gonflé de billets de banque; — elle avait noué la clef de ce meuble à l'un des angles de son mouchoir de poche, et elle se préparait à l'introduire dans la serrure, quand un bruit inattendu la fit tressaillir.

Ce bruit semblait produit par un pas furtif glissant sur les tapis du salon voisin.

— Peut-être me suis-je trompée, — pensa la comtesse... — la nuit, dans le silence, les illusions sont faciles...

Elle prêta l'oreille de nouveau, avec un redoublement d'attention, et elle entendit de nouveau ce pas qui semblait s'étouffer à dessein et qui se rapprochait de plus en plus du boudoir.

— Qui donc est là? — se demanda Marie épouvantée.

La première réponse qui se présenta à son esprit fut celle-ci :

— C'est un voleur!...

A tout prendre, la chose était, sinon probable, du moins possible.

Or, un voleur bien résolu, enhardi d'ailleurs par la solitude et l'obscurité, devient facilement un assassin.

Madame de Talmay ne le savait que trop. — Elle ne réfléchit plus ; — elle se crut perdue... — elle sentit ses jambes se dérober sous elle; — elle voulut pousser un cri qui s'éteignit dans sa gorge sans jaillir au dehors. — Dans une suprême et rapide prière elle recommanda son âme à Dieu et elle ferma les yeux pour ne point voir l'effrayante apparition qui sans doute allait se présenter à elle...

Quelques secondes s'écoulèrent et semblèrent à la pauvre femme longues comme des heures.

A la minute suprême de certaines situations pleines d'angoisses, l'incertitude constitue une intolérable torture. — Marie rouvrit les yeux, et, au lieu du bandit déguenillé et de mine farouche qu'elle s'attendait à voir, ses regards rencontrèrent la figure si pâle et si belle de Georges de Commarin, debout et en costume de chasse, comme un personnage de Van Dyck, dans le cadre noir de la porte et attendant que madame de Talmay lui adressât la parole.

L'émotion de Marie changea de nature aussitôt et son épouvante se métamorphosa en un vif sentiment de colère et d'orgueil blessé.

La jeune femme sentait bien qu'elle n'avait plus rien à craindre; mais la présence de M. de Commarin à une pareille heure, et le tête-à-tête qu'il paraissait prêt à lui imposer, lui semblaient plus qu'une indiscrétion et prenaient dans son esprit les proportions d'un outrage, surtout après le billet qu'il avait eu l'imprudente audace de lui faire remettre par mademoiselle Flore.

Sans doute les regards de la comtesse exprimèrent une partie des sentiments orageux qui fermentaient en elle, car Georges ressentit un trouble réel et il murmura d'une voix tremblante :

— Au nom du ciel, qu'avez-vous, madame?...

— Monsieur de Commarin, — s'écria Marie, — que venez-vous faire ici?...

— Oh! madame... madame... — balbutia Georges avec effroi, — je vous en conjure, parlez plus bas et songez qu'on peut vous entendre...

— Que m'importe et qu'ai-je à cacher? — répliqua Marie sans changer de ton ; — je vous le répète, monsieur, que venez-vous faire ici?...

Georges, qui, jusqu'à ce moment, n'avait pas franchi le seuil, entra dans le boudoir et referma la porte par derrière lui.

— Ne m'attendiez-vous pas? — demanda-t-il en s'approchant respectueusement de la comtesse.

— Vous attendre!... — répéta madame de Talmay avec une indicible stupeur, — vous attendre!... — ai-je bien entendu? — Êtes-vous en délire, monsieur, ou cette question insensée cache-t-elle une insulte nouvelle?...

— Moi, vous insulter...— s'écria Georges éperdu — oh! madame, vous ne le croyez... — vous savez bien que j'aimerais mieux mourir que d'avoir seulement la pensée d'une offense...

— Mais alors, que m'avez-vous dit?...

— Madame, ayez pitié de mon trouble... — pardonnez-moi si je vous adresse une question,—ce billet que je vous ai fait remettre... ce billet dans lequel je me jetais à vos genoux pour obtenir de vous la faveur d'une entrevue, cette nuit, dans cette pièce, vous l'avez reçu?... vous l'avez lu?...

— Ah! — murmura la jeune femme les yeux pleins de larmes et les lèvres crispées par un sourire tout à la fois douloureux et sardonique; — ah! je comprends tout, maintenant!... — vous avez cru, monsieur, vous avez osé croire, en me trouvant ici, que j'accourais à votre rendez-vous! et que peut-être j'en devançais l'heure!... — Mais quelle opinion vous faites-vous de moi, monsieur? Quelle femme supposez-vous donc que je sois?... Eh bien, quoi que vous ayez cru, vous vous étiez trompé!... — Ce billet que vous avez eu l'im-

pudence de m'adresser, je ne l'ai pas lu, — je l'ai brûlé sans l'ouvrir et j'ai chassé l'insolente créature qui s'est permis de me le remettre... — Maintenant, monsieur, vous savez tout...—écartez-vous de mon chemin, — j'ai hâte de rentrer chez moi.

Georges était anéanti par le courroux de la comtesse, et surtout par le mépris écrasant qui débordait dans ses yeux irrités.

— Vous êtes cruelle pour moi, madame, — balbutia-t-il cependant, — oh! bien cruelle... — je ne mérite point cette sévérité qui m'accable. — laissez-moi me justifier... daignez m'écouter...

— Je n'ai rien à entendre de vous... je ne resterai pas une minute de plus ici...

— Madame... ayez pitié...

— Encore une fois, monsieur, faites-moi place...

La comtesse se dirigea vers la porte d'un pas ferme et rapide.

Georges se frappait la poitrine avec un désespoir qui n'avait rien d'affecté.

— Ah! — cria-t-il enfin, au moment où madame de Talmay allait atteindre le seuil, — c'est impossible!... — oui, madame, il est impossible que vous partiez ainsi... — que vous me quittiez avec cette pensée horrible que je voulais vous offenser, vous que je respecte à l'égal des anges du ciel... à l'égal de la sainte femme qui fut ma mère...

D'un mouvement rapide et que la comtesse ne put prévoir ni prévenir, il se jeta entre elle et la porte, et il poursuivit :

— Si vous l'aviez lu, madame... si vous l'aviez lu ce billet fatal, ce billet maudit, qui vous blesse et qui vous irrite, vous ne m'accableriez point ainsi, car vous sauriez combien peu je dois rougir devant vous de ce qu'il renfermait!... — oui, je vous demandais une entrevue, madame, mais c'était pour vous dire un éternel adieu.

Marie, en entendant ces deux mots : Éternel adieu, sentit sa colère légitime se fondre comme la neige sous les rayons d'un ardent soleil.

Elle oublia soudainement combien était fausse et dangereuse la situation dans laquelle elle se trouvait, et, d'une voix tout à coup radoucie, elle demanda :

— Vous partez donc?

— Oui, madame... et pour toujours.

— Bientôt?...

— Demain.

— Vous quittez la France?...

— Oui, madame; je quitte la France... et la vie...

— Eh quoi!... — balbutia la comtesse avec un tremblement involontaire, — songez-vous à mourir?

— Oui, madame... j'ai résolu de quitter une vie dont le fardeau m'accable.

— Le suicide!...

Georges s'inclina affirmativement.

— Monsieur de Commarin, — poursuivit Marie, — ignorez-vous que le suicide est un crime?...

— Je ne l'ignore pas, mais je crois que Dieu ne pourra condamner celui qui cherche dans la mort un repos que la vie ne lui peut plus offrir.

— N'existe-t-il donc aucun moyen de vous faire revenir sur cette horrible résolution?

— Il en existe un seul...

— Puis-je le connaître?...

— Sans doute, puisque vous seule pouvez l'employer... — Si vous daignez m'écouter, madame, vous allez tout savoir...

La comtesse hésita.

— Dois-je me taire ou dois-je parler? — demanda Georges.

— Ne me direz-vous rien que je ne doive entendre?...

— Rien, madame, je vous le jure; — d'ailleurs la confession d'un mourant est solennelle, et c'est la confession d'un mourant que je vais vous faire en quelques mots...

Marie baissa la tête d'une façon qui signifiait clairement :

— Parlez, j'écoute.

— Madame, — dit Georges, — j'ai mal vécu... — j'ai gaspillé ma jeunesse en folles temps que ma fortune... — Aujourd'hui les folies de mon passé portent leurs fruits amers... je suis aussi complètement perdu que peut l'être un de ce monde une créature humaine n'ayant su garder intacts que son nom et que son honneur... — Ma ruine est absolue; — le mendiant qui me tend la main dans la poussière des chemins est moins pauvre que moi, car lui du moins ne ploie pas sous le fardeau d'un passif écrasant... — je suis poursuivi... — la dette est sans miséricorde...—demain je serai en fuite, je serai prisonnier, ou je serai mort...

Georges s'arrêta.

Marie écoutait avidement ce triste récit fait avec un laconisme énergique.

Son cœur, ému, troublé, inexprimablement agité, sautait dans sa poitrine comme un oiseau captif. — Elle tenait ses yeux baissés, mais ses paupières étaient humides.

M. de Commarin avait trop vécu... — il possédait une expérience et une rouerie trop consommées pour laisser échapper le moindre des symptômes si manifestes de l'intérêt qu'il excitait.

Il fit une pause de quelques secondes, à la façon d'un acteur habile qui *prend un temps*, comme on dit au théâtre, et il poursuivit :

— Voilà où j'en suis, madame. — Ma situation, vous le voyez, se résume en trois mots, elle offre trois issues : la prison, la fuite ou la mort... — Je ne puis échapper à cette triple et terrible alternative, mais il me reste le droit de choisir... — Si je vous demandais un conseil, me le donneriez-vous ?...

Marie ne répondait pas.

L'émotion puissante qui bouleversait tout son être la rendait incapable de prononcer une seule parole.

Georges ne se méprit point sur les motifs de ce silence...—il venait de faire un premier pas décisif. — Sa cause était à demi gagnée... — il le voyait, il le sentait, et son cœur tressaillit de joie.

— Madame, — continua-t-il, — j'ai besoin de vous rappeler que celui qui vous parle est un condamné que l'exil ou que la mort attendent...—La destinée est implacable, — quoi qu'il arrive, je ne vous reverrai jamais.—Daignez donc m'écouter jusqu'au bout sans colère, comme vous écouteriez une voix venue de l'exil ou sortie de la tombe... — Si désespérée que soit la position dans laquelle je suis tombé par ma faute, je ne me dissimule point qu'il me serait possible encore de me relever... — Avec le nom que je porte, et (pourquoi ne le dirais-je pas?), avec l'intelligence que Dieu m'a donnée, je puis me créer une autre patrie et me refaire une vie nouvelle... — Mais, pour cela, il faut avoir le courage de vivre et de lutter, et ce courage me fait défaut, et je me dis : — *Vivre!... à quoi bon?*... je n'ai pas dans ce monde un seul ami sincère ; — personne ne s'intéresse à moi... — tous les cœurs me sont fermés... — aucune main bienveillante ne s'étend pour serrer ma main... — de quelque côté que je me tourne, je ne vois qu'un vaste désert... — à quoi bon souffrir, je le répète, à quoi bon combattre ? — qui me plaindrait dans mes souffrances, qui m'applaudirait dans mes succès !

Après un nouveau silence, M. de Commarin reprit d'une voix où vibraient les notes de la passion la plus ardente :

— Et maintenant, madame, voilà la vérité.—Au milieu du grand naufrage qui vient de m'engloutir, une seule chose a survécu, mon cœur... — ce cœur s'est donné tout entier... — j'aime pour la première fois et aussi pour la dernière fois... — j'aime sans espoir et sans désirs... — Dans cet amour unique, l'adoration sans bornes et l'infini respect s'unissent et se confondent... — rien de terrestre, rien de grossier ne se mêle à la flamme qui me dévore et qui me purifie... — j'ai donné ma vie à celle que j'aime sans rien lui demander en échange, — elle en peut disposer comme d'une chose à elle... — Il faut qu'elle accepte ce don, il le faut, sinon je vais jeter au néant une vie désormais sans but, ainsi qu'après l'orgie on brise la coupe vide... — Si cette femme s'éloigne de moi en détournant la tête, tout est fini... — dans une heure je serai mort!... — Je vivrai, au contraire, j'aurai force et courage pour un avenir meilleur, si je sais qu'en quittant la France j'y laisse derrière moi un cœur compatissant, si celle à qui j'appartiens me tend sa main loyale en me disant : *Vivez!...*

Entraînée par un irrésistible élan, — cédant à un de ces mouvements d'imprudente générosité qu'on ne peut ni pressentir ni réprimer, madame de Talmay tendit sa main à Georges et murmura :

— Vivez!...

XII. — LE FLAGRANT DÉLIT.

Georges poussa un cri de joie, et, se laissant glisser à genoux devant la comtesse, il saisit la main qu'elle lui tendait et il la pressa passionnément contre ses lèvres.

Le contact inattendu des lèvres du jeune homme fit éprouver à Marie une sensation qui ressemblait à du vertige ; — un tremblement magnétique secoua son corps; — elle chancela ; — les battements de son cœur s'arrêtèrent, et c'est à peine si elle eut la force de dégager son imprudente main.

— Souvenez-vous de votre parole, — balbutia-t-elle d'une voix éteinte. — Partez pour ne plus revenir, et n'oubliez jamais que je viens de vous dire un éternel adieu...

Georges allait répondre, — il n'en eut pas le temps.

A cette minute précise madame de Talmay devint pâle comme un linceul, et les deux jeunes gens se regardèrent avec une inexprimable épouvante.

En même temps l'un que l'autre ils entendaient un bruit faible, mais cependant distinct, dans le salon voisin.

Quelqu'un se trouvait là, près d'eux, — un ennemi peut-être, — un espion à coup sûr !...

La situation devenait terrible. — Marie, surprise à cette heure de la nuit avec un homme, — Marie, dont nous connaissons l'éclatante innocence, allait être infailliblement déshonorée !...

Georges bondit jusqu'auprès de la porte et fit tourner deux fois la clef dans la serrure.

Madame de Talmay, à demi folle de terreur et de désespoir, se tordait les mains.

— Vous me perdez !... — balbutia-t-elle.

— Je vous sauve !... répondit Georges,

Dans le salon le bruit augmentait. — On eût dit que plusieurs personnes s'approchaient et parlaient tout bas.

Une main s'appuya sur la serrure. — La porte ébranlée résista.

Alors une voix s'éleva dans le silence et retentit aux oreilles de Georges et de Marie comme retentira dans la vallée de Josaphat la trompette du jugement dernier, — la voix du comte de Talmay.

— Je suis le maître de cette maison, — disait Henry avec une lenteur menaçante. — Qui que vous soyez, je vous ordonne de m'ouvrir...

Marie était tombée à genoux, — ses mains étendues cherchaient autour d'elle un point d'appui qu'elles ne trouvaient pas; — elle allait s'évanouir.

M. de Commarin ne perdait point la tête dans ce péril suprême et que rien ne semblait pouvoir conjurer. — La distribution intérieure du château lui était familière jusque dans ses moindres détails. — Il connaissait l'existence de la petite pièce attenant au boudoir et celle de l'escalier dérobé.

Il prit dans ses bras la pauvre femme anéantie et il s'élança, chargé de ce fardeau léger, vers la porte qui communiquait avec l'escalier.

— Madame, — dit-il, — fuyez par là... il en est temps encore... hâtez-vous...

Marie se ranima.

— Et vous, — demanda-t-elle, — qu'allez-vous devenir ?...

— Soyez sans inquiétude, madame, je vous jure que vous ne serez pas compromise... — Au moment où votre mari brisera la porte je m'élancerai par la fenêtre...

Puis, sans attendre la réponse de la comtesse, Georges rentra dans le boudoir.

Marie, seule dans les ténèbres, essaya de suivre le conseil de M. de Commarin et de fuir par l'escalier de dégagement. — Étrange fatalité !... — La porte qui la séparait de cette unique voie de salut refusa de s'ouvrir ! — Les verrous extérieurs avaient été poussés !...

La comtesse éperdue roula sans connaissance sur le tapis.

Tout ceci s'était passé en beaucoup moins de temps que nous n'en avons mis à l'écrire.

Georges, en rentrant dans le boudoir, courut à la fenêtre. Une distance de dix ou douze pieds à peine la séparait du sol. — Son projet d'évasion par cette issue ne semblait donc point impraticable ; — mais à peine venait-il de jeter un coup d'œil au dehors qu'il recula comme foudroyé. — A travers les ténèbres il avait entrevu sur la terrasse, précisément au-dessous de la croisée, des formes immobiles et qui semblaient attendre.

Toutes les issues étaient gardées !...

La voix du comte de Talmay s'éleva de nouveau.

— Qui que vous soyez, — dit cette voix, — je vous somme pour la seconde fois de m'obéir ! — Si la porte ne s'ouvre pas, elle sera jetée en dedans avant qu'une minute se soit écoulée !...

Georges, marchant à grands pas dans le boudoir comme un lion captif, se meurtrissait le visage avec ses poings fermés.

— Malheureuse femme ! — se disait-il, — elle est perdue, et perdue par moi !... — Misérable fou que je suis!... — Que faire ? — quel parti prendre ? — Mourir pour elle !... oh! je le voudrais, mais ma mort ne la sauverait pas !... — Mais mon cadavre l'accuserait !... — *Son amant s'est tué !*—dirait-on, et mon sang viendrait se mêler à la boue qui va salir sur son nom déshonoré!... et cependant elle est innocente! innocente comme les anges du ciel!... — Mon Dieu ! si tout ceci n'est qu'un rêve, éveillez-moi, car ce rêve est horrible!... éveillez-moi, car je souffre trop!...

Quelques secondes s'écoulèrent.

La porte ébranlée craquait. — Georges sentait le nuage de la folie furieuse envahir rapidement son cerveau.

— Au moins je la défendrai ! — balbutia-t-il. — Je la vengerai ! — Et malheur à celui qui franchira le premier le seuil de cette chambre!... — Oui... oui... malheur! malheur! car beaucoup de sang va couler !...

Il arracha sa gaîne son couteau de chasse, et il se tint prêt à frapper, en répétant :

— Malheur! malheur!...

La porte allait céder aux chocs qui l'ébranlaient.

— Faites bonne garde ! — cria le comte. — L'homme qui se cache est un voleur, un assassin peut-être... — S'il cherche à s'échapper, tuez-le!...

— Un voleur! — murmura Georges. — Il dit que je suis un voleur!...

Un éclair soudain traversa sa pensée, tandis qu'il répétait ce mot, et jeta dans les ténèbres de son esprit une lueur éblouissante.

— Eh bien! oui,... — reprit-il, — un voleur s'il le faut ! puisqu'à ce prix elle sera sauvée ! — Oh! Marie... Marie... je vais vous donner bien plus que ma vie !... — Ce que nul homme n'a jamais fait pour une femme, je vais le faire pour vous, et vous saurez si je vous aimais !...

Avec une rapidité presque fantastique, Georges franchit l'espace qui le séparait du petit meuble de bois de rose dans lequel, quelques heures auparavant, il avait vu madame de Talmay serrer les vingt mille francs. — La lame de son couteau de chasse joua le rôle de ce levier puissant avec lequel Archimède se faisait fort de soulever le monde. — La serrure ne put résister à cette pression impétueuse ; — le tiroir s'ouvrit, et à l'instant précis où la porte arrachée de ses gonds s'écroulait, Georges saisissait le portefeuille et éparpillait les billets de banque sur le tapis du boudoir.

M. de Talmay s'élança.

Le docteur Martial, — le receveur général, — plusieurs des domestiques du château se trouvaient à quelques pas en arrière, muets et haletants.

A la vue de Georges immobile et seul auprès du meuble brisé, — à la vue des billets épars, le comte s'arrêta et jeta autour de lui un regard tout chargé de haine et de soupçons.

M. de Commarin saisit au vol l'expression de ce regard.

— Monsieur le comte, — balbutia-t-il d'une voix éteinte en cachant son visage dans ses deux mains, — j'étais ruiné... j'étais perdu... — J'ai cru me sauver par un crime... — Dieu me punit... Dieu est juste.

— Je suis un misérable... Je ne vous demande pas de grâce...

Un lugubre silence suivit ces paroles.

La décomposition du visage de M. de Talmay était effrayante.

Le docteur ressemblait à une statue de la Stupeur.

Le receveur général, à demi vêtu, murmurait entre ses dents :

— Je savais bien qu'il finirait mal ; mais je ne me serais jamais douté qu'il irait si vite et si loin !... — Lui refusais vingt mille francs ce soir, il trouve tout simple de les voler cette nuit... — Ah ! le gredin !... — Quel dommage que le procureur du roi ne soit pas ici !...

M. de Talmay, pâle comme la statue du commandeur au festin de don Juan, marcha lentement jusqu'auprès de Georges. — Il le saisit par le bras et il l'entraîna jusqu'à l'angle le plus reculé du boudoir.

Là il se plaça en face de lui, plongeant dans ses yeux son regard plus étincelant que celui du tigre qui va bondir sur sa proie, et il lui dit d'une voix assez basse pour n'être entendue que de lui seul, et en le brûlant de son haleine :

— C'est vrai, vous êtes un misérable, — mais vous n'êtes pas un voleur !...

— Monsieur le comte, — répondit Georges, — j'ai avoué mon crime... et d'ailleurs pouvais-je nier l'évidence ?... — J'appartiens à la justice désormais... — Livrez-moi... je ne veux pas de pitié...

— Monsieur de Commarin, — continua Henry d'un ton de plus en plus sourd, — j'ai tout compris... Me croyez-vous dupe de la comédie d'effraction que vous venez de jouer avec un merveilleux talent ? — Allons donc !... — Jugez-moi mieux. — Vous vous sacrifiez pour votre complice, c'est fort beau, — mais c'est inutile. Ce sacrifice ne sauvera personne. — Madame de Talmay, MA FEMME, n'a pu s'échapper par un escalier dont j'avais moi-même condamné la porte ! — Elle est là, tout près de nous, dans la pièce qui touche à celle-ci, et vous voyez qu'elle est assez lâche pour accepter votre dévouement !... — Je l'accepte aussi, mon misérable !... — J'ai voulu vous prouver que je savais tout, mais soyez sans crainte, je ne vous trahirai pas. — Vis-à-vis du monde entier, je vous tiens pour ce que vous voulez être, c'est-à-dire pour un voleur nocturne, et je serai joyeux, je vous jure, de voir au bagne l'amant de ma femme !...

En écoutant ces derniers mots, Georges frissonna, non point pour lui, mais pour Marie.

— Elle est innocente... — balbutia-t-il, — je vous le jure sur mon honneur !...

— Votre honneur !... — répéta le comte avec amertume. — L'honneur d'un bandit, n'est-ce pas ? — Nous verrons si vous parlez de votre honneur sur les bancs de la cour d'assises !...

Georges laissa tomber sa tête sur sa poitrine avec accablement. — Il comprenait qu'il était perdu et qu'il n'avait pas sauvé Marie.

Le comte se tourna vers les spectateurs de la scène que nous venons de raconter.

— Messieurs, — leur dit-il, — vous avez vu... Fixez bien vos souvenirs, car vous aurez à déposer devant la justice des faits dont vous êtes les témoins. — Le flagrant délit est manifeste ; — voilà le meuble brisé ; — voilà les billets de banque ; — voilà le coupable. — Il avoue son crime d'ailleurs... et comment le nierait-il ?... — Un de mes gens va monter à cheval et courir chercher la gendarmerie. — D'inutiles rigueurs me répugnent, je ne ferai donc point attacher les mains de cet homme que nous appelions notre ami, et il y a quelques heures, mais, jusqu'au moment où la force publique arrivera, je réclamerai votre assistance pour prévenir de sa part toute tentative de fuite...

Un sourire d'une étrange expression vint aux lèvres de Georges.

— Puis-je compter sur vous, messieurs ? — continua Henry.

— Oui, certes, cher comte, — s'écria le receveur général, — je me mets absolument à vos ordres.

Martial se contenta de s'incliner affirmativement.

— Monsieur de Commarin, — reprit le comte de Talmay, — nous allons quitter cette pièce et nous rendre dans mon cabinet de travail ; — passez le premier. — Je vous avertis que je suis armé, et qu'au besoin je me servirais de mes armes...

— Voilà une menace inutile, monsieur le comte, répondit Georges

avec une expression triste, mais résignée. — Vous savez bien que je ne résisterai pas...

— Comment le saurais-je, monsieur ? — répliqua Henry. — J'étais bien loin de me douter aujourd'hui qu'en serrant votre main je serrais la main d'un voleur !...

— Un voleur ! — se disait Martial en même temps. — Non ! non ! c'est impossible !... — Je connais Georges depuis vingt ans ; — Georges est un imprudent, mais il ne peut être un infâme !... — L'évidence est là, je le sais, et pourtant, en face même de l'évidence, je ne me sens point convaincu... — J'aime mieux douter du témoignage de mes sens que de douter de l'honneur de Georges !... Ce qui se passe est étrange !... — Je devine un mystère funeste enseveli sous d'épaisses ténèbres, mais quel qu'il soit je soulèverai les voiles, je sonderai les ténèbres, et je saurai la vérité !

Un des domestiques s'était éloigné depuis un instant pour aller quérir les gendarmes.

M. de Talmay s'adressa aux autres valets.

— Faites en sorte, — leur dit-il, — que le sommeil de madame la comtesse ne soit point troublé, et donnez à vos camarades les instructions nécessaires afin que demain, à son réveil, elle n'apprenne par aucun d'eux les déplorables événements de cette nuit... — Celui qui contreviendrait à mes ordres serait impitoyablement congédié... — Ne l'oubliez pas et retirez-vous, — je n'ai plus besoin de vos services cette nuit.

Cinq minutes après, le comte, le receveur général, le docteur et Georges se trouvaient dans le cabinet de travail, transformé en geôle provisoire.

Deux heures s'écoulèrent. — Avons-nous besoin de dire que ces deux heures parurent bien longues au comte et à ses gardiens ?

Enfin les pas de plusieurs chevaux retentirent sur les pavés de la cour. — On entendit résonner les éperons de grosses bottes dans les corridors du château.

Un brigadier et quatre gendarmes venaient d'arriver. — Georges fut remis entre leurs mains.

Le comte avait fait atteler une voiture. M. de Commarin se plaça dans cette voiture entre le brigadier et un gendarme. Les trois autres cavaliers servirent d'escorte, et l'équipage prit le chemin de Dijon.

Aussitôt que le bruit des roues eut cessé de se faire entendre, Henry s'assit à son bureau, attira devant lui une feuille de papier à lettre et écrivit les lignes suivantes :

« Cette lettre vous apporte une mauvaise nouvelle, ma chère Marie, et cet argent, dont vous aviez si grand'peur de vous charger hier au soir, vous a véritablement porté malheur. — Voici les faits. Je vais vous les raconter très-brièvement, car le temps me presse.

« Cette nuit, pendant votre sommeil, je suis revenu au château pour y prendre quelques papiers importants que, par une inexplicable distraction, j'avais oublié d'emporter.

« Une lumière maladroitement dissimulée et des bruits suspects me firent soupçonner la présence d'un malfaiteur dans le boudoir où se trouvaient les vingt mille francs.

« Je me hâtai d'aller réveiller deux ou trois de nos amis et plusieurs domestiques, et je revins m'assurer avec eux du plus ou moins de fondement de mes craintes.

« Par malheur, je ne m'étais pas trompé dans mes conjectures. — Il nous fallut faire le siège du boudoir, car le voleur, surpris par nous en flagrant délit d'effraction, s'était enfermé pour gagner du temps.

« Jugez de notre surprise et de notre douleur à tous, lorsque nous reconnûmes le misérable qui tenait encore à la main les billets de banque, auprès du meuble brisé ! — Ce misérable était l'un de mes hôtes !... un homme qu'aucune accusation de ce genre ne semblait pouvoir atteindre ! — Georges de Commarin, en un mot !...

« Vous frémissez de stupeur et d'épouvante en apprenant ce nom, n'est-ce pas ?... — A qui se fier désormais, grand Dieu !... — L'un de nos amis est un voleur ! rien ne prouve qu'un autre n'est pas un assassin !... — Il faut envelopper l'univers entier dans une suspicion générale ! — Cela glace le cœur et fait frissonner !...

« En face d'un crime si manifeste, si audacieux, et dont les témoins étaient si nombreux, il me restait à remplir un douloureux devoir, — celui de livrer le coupable à la vindicte des lois.

« J'eus besoin, je vous l'affirme, de faire un appel à tout mon courage, mais l'hésitation et la faiblesse m'étaient interdites dans une si terrible occurrence... — La gendarmerie, mandée par moi, vient d'emmener M. de Commarin à Dijon, et la justice prononcera sur lui... — La condamnation sera sévère et méritée. Le bagne attend ce malheureux...

« Je ne puis rester au château jusqu'à votre réveil, chère Marie. — Vous savez que mes fonctions de juré me privent pour quelques jours de toute liberté d'action. — La nuit touche à sa fin, — l'heure me presse, — il faut partir.

« N'oubliez pas que vous m'avez promis votre bonne visite, et réalisez promptement cette charmante promesse, — ce ne sera jamais assez vite au gré de mon impatience...

« Adieu, ou plutôt au revoir. — Vous savez si je vous aime...

« HENRY. »

M. de Talmay cacheta cette lettre avec la même froide et complète impassibilité qu'il avait mise à l'écrire.

Il prit un flambeau, il quitta son cabinet, et, traversant le salon de réception et le boudoir, il ouvrit la porte de la petite pièce qui communiquait avec l'escalier dérobé. Ainsi qu'il s'y attendait, il trouva la comtesse étendue sans connaissance sur le tapis.

Un sourire d'une expression cruelle jusqu'à la férocité souleva ses lèvres. Pendant quelques secondes il regarda avec une fixité étrange ce beau corps inanimé et cette tête pâle noyée dans des flots de cheveux blonds.

Alors sa physionomie changea. — Ses yeux se remplirent de larmes qui coulèrent lentement et une à une sur ses joues.

— Comme je l'aimais !... — balbutia-t-il.

Mais cette émotion dura peu.

Ces yeux se séchèrent et reprirent la métallique froideur de l'acier. — Le regard redevint sinistre et menaçant. — Ce même sourire dont nous avons déjà parlé contracta les coins de la bouche.

M. de Talmay, par un geste bizarre, appuya la main sur son cœur dont il sembla chercher les battements.

Au bout de quelques secondes il secoua la tête, et il dit presqu'à voix haute :

— Allons, c'est fini, il est mort ! il est bien mort !... — Fasse Dieu qu'il ne revive jamais !...

Il se pencha ensuite vers la comtesse. — Il glissa la lettre que nous connaissons entre les doigts raidis et crispés, puis sans daigner jeter un dernier regard à la malheureuse femme, il s'éloigna d'un pas rapide.

Revenu dans son cabinet, il brûla la lettre anonyme qui lui avait été remise par Michel, en présence du procureur du roi, à la grille du parc, — lettre qui n'était autre qu'un billet sans orthographe écrit par mademoiselle Flore pour se venger de sa maîtresse en prévenant M. de Talmay qu'un rendez-vous devait avoir lieu la nuit suivante entre la comtesse et Georges de Commarin.

Mademoiselle Flore, nous le savons, avait basé sa dénonciation sur

Cet homme sort du bagne de Brest... cet homme est un forçat !... (Page 45.)

de faibles indices ; — mais nous savons aussi que le hasard l'avait bien servie.

La soubrette chassée pouvait être joyeuse et fière, — elle allait être cruellement vengée !...

Henry descendit aux écuries. Il se fit seller un cheval par le palefrenier de service, et il lança ce cheval au galop sur la route de Dijon.

Au moment d'entrer dans la ville, il rejoignit et il dépassa la calèche que les gendarmes escortaient.

— A LUI d'abord ! — se dit-il, — à ELLE ensuite !...

Et il se dirigea vers l'hôtel du *Chapeau rouge*, où il descendit.

Au bout d'un peu moins d'une demi-heure, les portes de la prison se refermaient sur Georges.

XIII. — AU PALAIS DE JUSTICE.

Laissons s'écouler un intervalle de huit ou dix jours et prions nos lecteurs de se transporter avec nous dans la salle d'attente qui précédait le cabinet du procureur du roi au palais de justice de Dijon.

Georges, interrogé par un juge d'instruction le jour même de son incarcération, avait répondu purement et simplement :

— J'ai volé, — je ne songe point à nier mon crime ; et d'ailleurs

de nombreux témoins ont pu constater le flagrant délit... — Je ne demande qu'une seule chose, c'est qu'on simplifie pour moi, si faire se peut, les formes de la justice et qu'on me juge le plus tôt possible...

En parlant ainsi, M. de Commarin témoignait d'une grande ignorance du mécanisme judiciaire. — Avant d'arriver sur la sellette des accusés, le prévenu, quel qu'il soit, doit passer par une filière de formalités juridiques que rien ne saurait abréger.

Le baron d'Autrichard, à qui les circonstances du vol supposé semblaient à bon droit étranges, s'était réservé exceptionnellement l'instruction et la conduite de cette affaire.

Aussitôt après la session des assises, il avait envoyé des assignations aux diverses personnes qui pouvaient, croyait-il, éclairer sa conscience par leurs témoignages ; — car, nous le répétons, malgré le flagrant délit et malgré les aveux de Georges, il ne voyait que ténèbres là où le public croyait ne voir que lumière éclatante. — Ce qui paraissait complétement clair à tout le monde lui produisait un effet diamétralement opposé.

Plusieurs des hôtes habituels du château de Talmay se trouvaient réunis dans la salle d'attente dont nous avons parlé quelques lignes plus haut.

C'étaient le receveur général, — le docteur Martial, — le marquis de Vezay, — MM. de Luzzy et la baronne de Lamargelle.

Le procureur du roi, arrivé depuis un instant dans son cabinet, se préparait à faire subir à Georges un interrogatoire et à le confronter avec les témoins.

Une vive discussion venait de s'engager entre Sylvanire et M. de Lesparre; — la douairière et le gros homme s'animaient à qui mieux mieux et défendaient leur dire avec une conviction chaleureuse de part et d'autre.

— Ainsi, madame la baronne, — vous soutenez que M. de Commarin n'est pas coupable! — s'écriait le receveur général.

— Je le soutiens, oui, monsieur, — répliquait Sylvanire, — et je le soutiendrai envers et contre tous!

— Mais, madame la baronne, réfléchissez donc...

— Non, monsieur, — interrompait la douairière, — je ne réfléchirai pas! — je suis certaine d'avoir raison, et tous les raisonnements du monde ne changeraient rien à ma certitude...

— Cependant, madame, nous avons vu!... nous avons vu de nos propres yeux!...

— Que prétendez-vous en conclure?

— Je prétends en conclure qu'un homme qui vient de forcer un meuble et d'empocher une grosse somme, est parfaitement un voleur, et que je vous défie de l'appeler d'un autre nom?... — Or, je vous le répète, nous avons vu le meuble brisé!... — nous avons vu le portefeuille vide!... — nous avons vu les billets de banque!... — prétendrez-vous que nous avons tous eu la berlue?

— Oui, monsieur, je le prétendrai!

— Mais, alors, selon vous, nous sommes des fous? des archi-fous!...

— Oui, monsieur, — oui, sans aucun doute!...

— Eh! mon neveu plus que les autres! — Voulez-vous savoir ma façon de penser à son égard? — Eh bien, il s'est conduit dans ceci comme un vrai croquant!... il devait retirer sa plainte; je le lui ai demandé à dix reprises sans rien obtenir; mais, jour de Dieu, je lui prouverai que Sylvanire de Lamargelle a de la rancune, et s'il compte sur mon héritage, il risque fort de compter deux fois!...

J'ai tué mon mari... que Dieu me pardonne!. (Page 48.)

— Déshéritez votre neveu si cela vous plaît, madame la baronne, voilà qui ne me regarde en aucune façon; mais au moins ne niez pas 'évidence!...

— Il me plaît de la nier.

— Et les aveux de M. de Commarin, les nierez-vous aussi?

— Que Dieu m'en garde!... je ne les nierai pas et j'en prends avantage...

— Ah! ah!... et comment les expliquez-vous, s'il vous plaît?

— Le plus facilement du monde! — le noble jeune homme dit qu'il est coupable, cela me démontre clairement comme le jour qu'il est plus innocent que l'enfant à naître!...

— Mais, madame, c'est anti-logique ce que vous dites là!...

— Je me moque pas mal de votre logique!... — je juge avec mon cœur et non point avec mon esprit, et je connais des gens pas bien loin d'ici, qui, n'ayant ni cœur ni esprit, seraient fort embarrassés d'en dire autant...

Le receveur général devint cramoisi comme un homard sortant de l'eau bouillante.

— Est-ce à moi que ceci s'adresse, madame la baronne? demanda-t-il d'un air furibond.

— Prenez-le pour vous si vous voulez, — que m'importe?

— Madame, il me déplaît fort, permettez-moi de vous le dire, d'être insulté si vertement à propos d'un coquin!

— Eh! ce coquin vaut mieux que vous!...

— Madame!...

— Monsieur!...

— Ne me contraignez pas, en me faisant sortir de mon caractère, à vous manquer de respect!...

— Je n'ai que faire de votre respect; — et, quant à votre caractère, je vous engage, dans votre intérêt, à en sortir le plus tôt possible et à n'y rentrer jamais!...

— Je vous cède la place, madame!... — je ne suis point de force à lutter contre vous!... — épousez M. de Commarin si cela vous plaît, et qu'il n'en soit plus question.

Et le receveur général accentua sa phrase par un rire sardonique qui porta au plus haut point le courroux de Sylvanire.

— Et si je l'épousais, monsieur, — s'écria-t-elle, — qu'auriez-vous à dire à cela, monsieur, s'il vous plaît?... — Eh bien, apprenez, monsieur, vous qui voulez faire le mauvais plaisant, que je serais prête à lui accorder ma main, monsieur, s'il me faisait l'honneur de me la demander!... — Apprenez que je me trouverais honorée de porter son nom, monsieur, et je crois que le mari de la baronne Sylvanire de

Lamargelle ne pourrait être soupçonné !... — Il me semble que ceci est net et catégorique !... — Que pouvez-vous répondre, monsieur ?...
— Pas un mot, madame, pas un mot...
— Et vous faites bien, jour de Dieu !... — Ah ! si j'étais un homme, les choses ne se passeraient pas ainsi, et je vous aurais déjà fait rentrer dans la gorge vos impertinences !... — Monsieur le receveur général, souvenez-vous que je vous prie de vouloir bien ne plus m'adresser la parole à l'avenir !...
— Je n'aurai garde de l'oublier, madame la baronne, soyez-en sûre !...
Sylvanire pirouetta légèrement sur ses talons afin de s'éloigner plus vite de son insupportable contradicteur.
Ce mouvement la mit face à face avec Martial, qui venait de prêter une attention profonde à la discussion qui précède.
— Docteur, — s'écria la douairière, — j'espère bien que vous êtes de mon avis et que vous ne condamnez pas impitoyablement et sans appel ce pauvre M. de Commarin ?...
— Vous avez raison de le supposer, madame la baronne, — répondit Martial avec gravité ; — Georges était l'un de mes plus chers amis, et quelle que puisse être à son égard l'opinion publique, je ne puis encore me résoudre à le croire coupable... coupable du moins sans excuses...
Sylvanire était absolument incapable de passer une heure entière dans la simplicité ; — ce fut donc avec force attitudes minaudières et force grâces enfantines qu'elle murmura de sa voix la plus grasseyante :
— Ah ! docteur, cher docteur, que voilà donc de bonnes paroles !...
— Tenez, sans mon respect pour les convenances, je vous embrasserais !... — Oui, ma parole d'honneur, je me sens la plus folle envie de vous embrasser...
Martial recula instinctivement.
Il craignait que la folle envie de la baronne ne se trouvât plus forte que le respect pour les convenances...
Hâtons-nous d'ajouter qu'il en fut quitte pour la peur. — Madame de Lamargelle, craignant sans doute de compromettre les frais pastels de son visage, ne donna pas suite à sa velléité d'accolade.
— Madame la baronne, — reprit Martial, — j'aurai l'honneur de vous demander des nouvelles de madame de Talmay...
— Ah ! docteur ! elle ne va pas bien, la pauvre enfant, — elle m'inquiète...
— Eh quoi, serait-elle gravement souffrante ?
— J'en ai peur !...
— Pourquoi ne m'a-t-on pas fait appeler ?
— C'est que j'ai dit plus d'une fois... — hier encore je répétais à cette chère Marie : Pourquoi ne pas faire venir notre excellent ami le docteur Martial ? — Elle secoue la tête et répond qu'elle n'a besoin d'aucun soins et qu'elle ne veut voir personne.
— Il fallait insister et me demander quand même...
— Bah ! elle aurait été capable de s'enfermer dans son appartement et de refuser d'en sortir...
— Mais, cette disposition funeste, d'où vient-elle, et quels sont les symptômes de l'état maladif de madame de Talmay ?...
— Depuis l'événement qui nous préoccupe tous si vivement (et qu'elle n'a d'ailleurs appris que le lendemain par une lettre de son mari), ma pauvre nièce est d'une effrayante pâleur ; — son appétit et son sommeil ont tout à fait disparu ; — elle ne se plaît que dans la solitude absolue ; — moi-même, docteur, moi-même (le croiriez-vous ?), je ne trouve point grâce auprès d'elle... — elle me fuit et ma présence semble l'importuner... C'est bien invraisemblable, n'est-ce pas ? et cependant je vous jure que c'est la vérité la plus littérale... J'ajouterai que ses paupières gonflées et rougies me donnent lieu de supposer qu'elle pleure du matin au soir et du soir au matin...
— Pourquoi ces larmes ?
— Qui le sait ? — impossible de tirer d'elle un seul mot à ce sujet... — et d'ailleurs, — ajouta la douairière, — un habile homme du bon vieux temps a dit littéralement ceci : Le cœur des femmes est un abîme dont on ne peut pas sonder le fond.—Je m'en tiens à cette définition qui me paraît exacte.... et j'ajoute que bien fin serait celui qui viendrait à bout de lire les secrets du cœur de ma nièce...

§

Le moment est venu de pénétrer dans le cabinet du procureur du roi.
Ce cabinet était une grande pièce d'un style sévère, boisée en chêne, meublée de quelques fauteuils de forme ancienne et d'un vaste bureau surchargé de dossiers ; — il n'avait pour tout ornement qu'un portrait de Charles X et un crucifix d'ivoire dans un cadre de velours noir.
Le baron d'Autrichard, l'air soucieux et préoccupé, échangeait quelques mots à voix basse avec son secrétaire, lorsque deux gendarmes introduisirent Georges de Commarin par un couloir particulier qui permettait d'arriver au cabinet sans traverser la salle d'attente.

Obéissant à un sentiment d'humanité facile à comprendre, le procureur du roi avait donné l'ordre de ne pas mettre de menottes au prévenu pour le conduire de la prison au palais.
Georges, entièrement vêtu de noir et habillé avec le même soin et la même correction que s'il se disposait à aller au bal, avait beaucoup changé depuis une semaine.
Il semblait vieilli de dix ans ; — sa pâleur offrait des tons bleuâtres effrayants à voir ; — ses lèvres mêmes étaient blanches ; — un large cercle de bistre entourait l'orbite cave de ses yeux agrandis.
Il salua profondément M. d'Autrichard qui lui répondit par une faible inclination de tête, et lui fit signe de s'asseoir.
Georges, extrêmement affaibli par de longues insomnies et de douloureuses préoccupations, se laissa tomber sur une chaise en face du bureau.
— Messieurs, — dit le procureur du roi aux deux gendarmes, — retirez-vous dans le couloir et restez à portée de ma voix...
Aussitôt après leur retraite, l'interrogatoire commença par les formules habituelles qu'il nous paraît tout à fait inutile de répéter.
— Dans la nuit du 4 au 5 octobre dernier, — dit ensuite le magistrat, — entre une et deux heures du matin, vous avez été surpris dans une pièce du château de Talmay, auprès d'un meuble brisé. — Ce meuble avait renfermé des billets de banque qui se trouvaient épars autour de vous sur le tapis... — Tout ceci est-il exact ?
— Oui, monsieur.
— Le meuble brisé l'avait-il été par vous ?
— Oui, monsieur.
— Dans quel but ?
— Dans le but de m'emparer de la somme qu'il contenait.
— Ainsi, vous persistez dans les premiers aveux faits par vous le jour même de votre arrestation ?
— Je persiste.
— A quel moment la pensée du crime vous est-elle venue ?
— Au moment où j'ai vu madame de Talmay serrer dans un tiroir du chiffonnier le portefeuille qui contenait les billets de banque.
— Vous rendez-vous bien compte de la gravité des paroles que vous venez de prononcer et qui prouvent de votre part la préméditation la plus complète ?
— Oui, monsieur, et j'en accepte les conséquences.
— De quelle façon vous y êtes-vous pris pour réaliser votre projet ?
— J'ai attendu que tout le monde fût couché et endormi dans le château ; — j'ai quitté ma chambre, — j'ai pénétré dans le boudoir et j'ai opéré l'effraction du meuble en me servant de la lame de mon couteau de chasse comme d'un levier.
— La porte communiquant du grand salon au boudoir était-elle fermée lorsque vous entrâtes ?
— Oui, monsieur.
— A clef ?
— Non, monsieur ; — je n'ai fait tourner la clef dans la serrure que lorsque j'ai entendu dans le salon un bruit m'annonçant que j'allais être surpris...
— Qu'espériez-vous, en vous enfermant ?
— Gagner du temps et m'enfuir par la fenêtre.
— Pourquoi ne l'avez-vous pas tenté ?
— Parce que j'ai vu du monde sur la terrasse, ce qui rendait impossible la retraite par cette voie.
— Vous possédiez une arme qui, dans vos mains, pouvait devenir terrible. — Comment se fait-il que vous ne vous soyez point servi de cette arme pour échapper à ceux qui vous surprenaient ?
— Je n'ai pas reculé devant un vol, mais j'aurais reculé avec horreur devant un meurtre...
Après une pause de quelques minutes, le procureur du roi reprit la parole.
— Depuis votre arrestation, — dit-il, — j'ai rempli mon devoir de magistrat en fouillant dans votre passé. — Au milieu des innombrables folies d'une jeunesse orageuse, j'ai trouvé la preuve que votre probité avait été irréprochable et inattaquable jusqu'au jour fatal... — Quelles circonstances vous ont conduit à répudier soudainement ce passé d'honneur et à débuter le crime, non pas seulement par une indélicatesse, mais par un vol qualifié ?...
— J'étais ruiné complètement ; — je n'avais plus que la misère en perspective...
— Mais vingt mille francs ne constituent point une fortune pour celui qui comme vous a dévoré des sommes immenses.
— Ces vingt mille francs me permettaient du moins de payer une dette pressante et de sauver ma liberté menacée par une prise de corps...
— Ainsi, vous deviez être arrêté ?
— Le lendemain, si je ne payais pas.
— Et vous avez volé pour payer ?
— Oui, monsieur.
Le procureur du roi donna l'ordre d'introduire le receveur général, à peine remis de sa véhémente discussion avec la baronne de Lamargelle.
M. de Lesparre chargea Georges à outrance.
Il avait été, nous le savons, l'un des témoins du flagrant délit. — Il

raconta en outre, avec les plus grands détails, la tentative d'emprunt que M. d'Autrichard connaissait déjà.

Il termina en s'écriant :

— L'homme qui, sous le fallacieux prétexte de l'intimité et sur le terrain neutre d'une maison amie, cherche à emprunter astucieusement vingt mille francs, en sachant bien qu'il ne les rendra jamais, cet homme est capable de tout !... — je l'ai toujours pensé, et M. de Commarin a bien prouvé que je ne me trompais pas.

— Vous pouvez vous retirer, monsieur, — dit le procureur du roi.

M. de Vezay et MM. Luzzy ne savaient exactement rien : — le premier n'avait dormi toute la nuit ; — les deux autres étaient partis du château longtemps avant l'heure du vol. — Leurs dépositions furent par conséquent fort insignifiantes ou plutôt tout à fait nulles.

Martial Herbelin leur succéda.

A la vue de son ami, un pâle sourire vint aux lèvres de Georges.

— Pendant quelques secondes un rayon de joie éclaira son visage dévasté, lorsqu'il eut la certitude que le regard du docteur exprimait la compassion et non pas le mépris.

Après avoir déposé de ce qu'il avait vu, Martial ajouta :

— Monsieur le procureur du roi, le crime me paraît, comme à vous, manifeste, — et cependant je vous jure sur mon honneur que e ne crois pas au crime...

Georges tressaillit et l'angoisse la plus vive se peignit dans ses yeux.

— Et sur quelles raisons vous appuyez-vous pour lutter ainsi contre l'évidence ? — demanda le magistrat, surpris de rencontrer chez un homme dont il reconnaissait le rare bon sens et l'esprit élevé, une pensée si conforme à la sienne.

— Je m'appuie sur ma connaissance approfondie du caractère et du cœur de M. de Commarin, — répliqua le docteur. — Georges est un camarade de mon enfance, — un ami de ma jeunesse ; — j'ai lu dans son âme en tout temps comme dans un livre ouvert ; — j'ai toujours cru, je crois encore aujourd'hui qu'il est aussi incapable que moi-même d'une action déshonorante... — Il volait vingt mille francs, dit-il, pour payer une dette et reconquérir sa liberté menacée... — il vous trompe, monsieur le procureur du roi, car ces vingt mille francs je venais de les lui offrir deux heures auparavant.

— Ainsi, — fit le baron d'Autrichard, — vous mettiez à sa disposition la somme que le receveur général eût le refuser ?

— Oui, monsieur, et le lendemain matin il devait venir la toucher chez mon banquier, ici même...

— Monsieur le procureur du roi, — s'écria Georges en intervenant vivement, — le docteur Martial, de qui j'avais l'honneur d'être l'ami et que je remercie du fond de mon âme de l'estime qu'il me conserve malgré mon abaissement, ne vous dit pas la vérité tout entière...

— Expliquez-vous...

— J'ai hâte de le faire... — Oui, il est exact que Martial s'est approché de moi aussitôt après le refus du receveur général de venir à mon aide, et qu'il m'a généreusement offert les vingt mille francs dont j'avais besoin ; — mais un peu plus tard, dans la soirée, il a retiré cette offre, ou du moins il l'a subordonnée à des conditions qui ne furent point acceptées par moi et que je ne pouvaient pas l'être...

— Quelles étaient ces conditions inacceptées ? — demanda M. d'Autrichard.

— Permettez-moi de ne pas répondre... — Ne vous suffit-il point de savoir que je ne devais plus compter sur l'argent de Martial, ce qui fatalement et plus que jamais me ramena à l'idée du vol acceptée ?

— Docteur, — reprit le magistrat en s'adressant au jeune médecin, — la justice a besoin de tout connaître pour tout comprendre et pour s'éclairer.• — Le prévenu refusant de me satisfaire, je vous adresse la question à laquelle il ne répond pas...

Georges lança à Martial un regard dont ce dernier comprit l'expression suppliante.

— Monsieur le procureur du roi, — dit-il avec hésitation — il s'agit d'un secret qui ne m'appartient point.... — le nom d'une femme qui n'est pas et qui ne peut pas être en cause, devrait être prononcé, et je crois que mon honneur m'impose impérieusement la loi de garder le silence...

— Soit, monsieur, — fit le magistrat après un silence.

Puis, à Georges :

— Pourquoi m'avez-vous appris vous-même, tout à l'heure, que le docteur Martial avait retiré l'offre bienveillante qui, en vous sauvant d'un immense embarras, rendait inutile le vol que vous vous disposiez à commettre ?

— Je vous l'ai dit parce que c'est la vérité.

— Vous tenez donc beaucoup à être reconnu coupable, puisque vous mettez un étrange empressement à combattre les faits qui sembleraient militer en votre faveur, et puisque vous soutenez l'accusation contre vous avec plus d'insistance que le ministère public lui-même ?

— Je tiens à ce que justice soit faite, — murmura Georges, non sans embarras.

— Ce sentiment est louable assurément ; — mais voici la première fois que je le rencontre chez un prévenu, depuis que j'ai eu l'honneur d'être appelé à remplir les fonctions de procureur du roi. — Savez-

vous, monsieur, qu'à voir l'ardeur que vous mettez à vous faire déclarer coupable, on pourrait croire que vous n'avez une si grande hâte d'être condamné que pour sauver le vrai criminel, et que cet amour de la justice, qui vous anime en apparence, n'est en réalité qu'un dévouement étrange !...

La pâleur de Georges augmenta visiblement.

— Monsieur le procureur du roi, — balbutia-t-il, — cette supposition serait insensée !... il n'y a pas, il ne saurait y avoir d'autre coupable que moi... — Mes aveux sont complets...—que voulez-vous de plus ?

— La vérité, — répondit le magistrat d'un ton sévère.

Et aussitôt il donna l'ordre d'introduire la baronne de Lamargelle.

Sylvanire, en entrant dans le cabinet, fit au procureur du roi une révérence de la bonne école, et courut à Georges dont elle prit les deux mains qu'elle serra avec un véritable transport, en s'écriant :

— Mon Dieu ! ce pauvre cher ami, comme il est pâle ! — est-il bien possible de l'avoir mis dans une prison, pêle-mêle avec de vils criminels ! Ah ! quelle horreur ! quelle horreur !... — Mais votre innocence sera reconnue, cher monsieur, et vous sortirez de tout ceci plus blanc que neige !... je n'ai jamais douté de vous, moi, entendez-vous bien, jamais de la vie ! et je romps des lances du matin au soir avec ceux qui vous attaquent !... — Tenez, pas plus tard que tout à l'heure, j'ai vertement rembarré, je vous le jure, ce vilain receveur général,—une vraie vipère !... Demandez plutôt au docteur Martial... — encore un véritable ami, celui-là, et qui ne vous abandonne pas, je vous en réponds !...

Puis, Sylvanire s'installant dans le fauteuil préparé pour elle, continua en s'adressant au procureur du roi :

— J'espère bien, monsieur le baron, que vous ne comptez en aucune façon sur moi pour accuser M. de Commarin !... — je vous déclare en mon âme et conscience que ceux qui prétendent qu'il a volé, sont des fous ou de méchantes gens ! — Voler, lui !... allons donc !... voler vingt malheureux mille francs !... — Eh ! s'il avait besoin d'argent, croyez-vous par hasard que la bourse de ses amis ne se serait pas ouverte pour lui bien au large ? — Et tenez, pour ne parler que de moi, j'ai quarante mille livres de rente, et si M. de Commarin m'avait fait l'honneur de me prier de lui prêter cent mille francs, je ne me serais pas fait répéter deux fois, et je lui déclare ici même que je tiens tout à fait à sa disposition les cent mille francs en question.

Le procureur du roi attendit avec patience que le fleuve des paroles de la douairière se fût épuisé quelque peu par l'impétuosité même de son cours.

Ce qu'il avait prévu arriva. La baronne essoufflée fut contrainte de s'interrompre pour reprendre haleine.

M. d'Autrichard profita de cet entr'acte pour demander :

— Mais enfin, madame la baronne, comment prétendez-vous expliquer la présence de M. de Commarin dans le boudoir du château de Talmay, entre une et deux heures du matin, pendant la nuit du vol ?...

— Je ne l'explique pas... je n'ai garde de l'expliquer, — répondit Sylvanire avec feu ; — mais le champ des conjectures est large et je crois qu'il ne serait maintenant difficile de faire un nombre infini de suppositions, toutes plus acceptables qu'un vol impossible... — Il me semble, par exemple, qu'un rendez-vous d'amour paraîtrait quelque chose d'un peu moins invraisemblable qu'un crime...

Une contraction passagère, —qui n'échappa point au regard d'aigle de M. d'Autrichard, — bouleversa le visage du jeune homme.

Ce fut du reste l'affaire d'un instant, et le jeune homme reprit son expression calme et résignée.

— C'est là que doit être la vérité, — pensa le procureur du roi, — mais M. de Commarin se taira jusqu'au bout.

Puis il reprit :

— Vous oubliez, madame la baronne, qu'un meuble a été brisé, — qu'une tentative de vol a eu lieu ; — un rendez-vous d'amour n'expliquerait rien de tout cela...

— Monsieur le baron, voulez-vous que je vous raconte une petite histoire qui m'a été racontée à moi-même par un colonel de ma connaissance... un des bons amis de feu mon mari ?

— Mais, madame la baronne, quel rapport ?...

— Le rapport est plus grand que vous ne pensez et pourra vous faire paraître assez clair ce qui vous semble en ce moment très-obscur...

— Parlez, madame la baronne... je vous écoute...

Sylvanire commença :

— Le colonel en question, — dit-elle, — était le plus bel homme de son régiment, dont aucun homme cependant n'avait moins de cinq pieds huit pouces, et je vous assure que ses bonnes fortunes ont fait du bruit en France et même à l'étranger... — C'était don Juan, c'était Lovelace, et sans être fat, il pouvait chanter :

J'ai longtemps parcouru le monde,
Et l'on m'a vu de toute part,
Courtisant la brune et la blonde,
Aimer, triompher au hasard !...

Or, un jour (ceci se passait dans un château d'Allemagne), — le colonel avait un rendez-vous avec une belle dame, qui s'appelait Wilhelmine comme toutes les Allemandes, dans un boudoir où se trouvait un coffret rempli de bijoux. — Tandis que le colonel et Wilhelmine causaient de leurs affaires de cœur, une fenêtre s'ouvre, un homme, un domestique du château s'élance dans le boudoir, met le coffret sous son bras et dit au colonel stupéfait et à la baronne épouvantée : — *Madame et monsieur, vous pouvez compter sur ma discrétion comme je peux compter sur la vôtre : — vous ne me connaissez pas et je n'ai rien vu. — Bonsoir!* — Et le hardi coquin s'en alla comme il était venu, bien certain de la discrétion des deux amoureux qui ne pouvaient le trahir sans se trahir eux-mêmes et qui s'estimaient heureux de ne le point dénoncer, à la condition de n'être point dénoncés par lui au mari qui était baron et brutal. — Vous comprenez comme moi, monsieur le procureur du roi, que le colonel avait été accusé du vol des bijoux, il se serait laissé condamner bel et bien dix fois pour une plutôt que de révéler le nom du voleur et de mettre par conséquent à la merci de ce misérable l'honneur de Wilhelmine...
—Voilà l'anecdote. — Or, rien ne nous prouve que quelque chose de semblable ou d'équivalent ne s'est point passé au château de Talmay, et voilà une explication toute trouvée et assez plausible, ce me semble, pour les faits qui vous paraissent si obscurs...
— Monsieur le procureur du roi, — dit Georges avec véhémence aussitôt que Sylvanire eut achevé son récit, — madame la baronne vient de vous conter un roman qui ne prouve rien, sinon son désir bienveillant de m'arracher à la triste situation où me voilà. — Je me sens fier, dans mon malheur mérité, de l'intérêt que j'inspire encore à mes anciens amis; mais malheureusement je suis coupable et toutes les tentatives du monde ne parviendront point à me faire paraître innocent.
— Accusez-vous tant qu'il vous plaira, cher monsieur, — répliqua Sylvanire, — mais nous vous sauverons malgré vous, et peut-être bien que je parlais de certain billet...
— Madame... madame... interrompit Georges d'un air égaré, en tirant de sa poche et en dirigeant contre sa poitrine la pointe d'un petit couteau catalan qu'on n'avait point heure à lui enlever, — pas un mot de plus, sinon, je me tue à l'instant!
Le procureur du roi vit bien que M. de Commarin ne reculerait pas devant la réalisation de cette menace. — Son visage décomposé et ses yeux étincelants exprimaient toute l'énergie d'une résolution terrible. Sylvanire poussa un cri aigu et fit mine d'avoir une attaque de nerfs. — Cependant elle se contint.
— Calmez-vous, je vous en supplie, — dit le magistrat à Georges, — la déposition de madame la baronne est terminée... — quant à présent du moins, — ajouta-t-il tout bas, d'une façon un peu jésuitique.
Georges respira.
M. d'Autrichard agita une sonnette et demanda à l'huissier qui vint prendre ses ordres :
— Quelles sont les personnes qui se trouvent encore dans la salle d'attente.
— M. le comte de Talmay, — répondit l'huissier.
— Faites entrer.
Henry se présenta aussitôt.
— Monsieur le comte, lui dit le procureur du roi, — j'ai fait adresser une assignation à madame la comtesse... — comment se fait-il que je vous voie seul?
— Je suis ici, monsieur le baron, pour vous apporter les excuses de ma femme.
— Elle ne viendra pas?
— Il lui est malheureusement impossible de quitter en ce moment le château.
— Et pour quelle raison?
— Madame de Talmay est très-souffrante... — assez souffrante pour garder le lit; — sa faiblesse m'inquiète, et je crains fort que d'ici à quelque temps elle ne puisse faire le voyage de Dijon...
Le procureur du roi se tourna vers Martial.
— Si ce me trompe,—lui dit-il, — c'est vous qui êtes le médecin de madame la comtesse?
— Oui, monsieur le baron, c'est moi.
— Son état offre-t-il en effet assez de gravité pour empêcher un déplacement?
— Je ne saurais répondre à cette question... — je n'ai pas été appelé au château.
— Voilà qui est singulier... — fit le procureur du roi en secouant la tête.
— Monsieur le baron, — dit vivement le comte de Talmay, — j'ai dû me conformer aux désirs de ma femme qui ne veut voir personne et qui refuse de faire une exception pour le docteur...
— Madame la baronne de Lamargelle me disait tout à l'heure, — ajouta Martial, —que la comtesse de Talmay était véritablement très-souffrante et se complaisait dans un isolement absolu...
— Dans ce cas, — reprit le magistrat, — j'irai demain moi-même au château, car je ne saurais retarder plus longtemps l'audition de la comtesse.

—Je crains que vous ne preniez une peine sans résultats, monsieur le baron, — fit Henry avec un trouble manifeste, — ma femme ne pourra vous donner aucun renseignement, — elle ne sait rien, — elle n'a rien vu; — c'est par moi seul qu'elle connaît quelques-uns des détails de la triste affaire qui nous occupe... — A quoi bon l'interroger puisque vous avez la certitude de ne rien apprendre par elle?...
— Je me crois le seul juge de ce qu'il est utile et convenable de faire, monsieur le comte, — répliqua sèchement le procureur du roi, — et je suis surpris de l'insistance que vous semblez mettre à m'empêcher de communiquer avec madame de Talmay... — Je vous répète que j'irai demain au château...
Le comte s'inclina sans répondre.
Son front plissé, sa rougeur subite, le frémissement de ses lèvres, décelaient clairement le dépit et l'inquiétude qui s'emparaient de lui.
Au moment où il se relevait en s'efforçant d'éteindre sous ses paupières abaissées le feu de ses regards, la porte du cabinet s'ouvrit et l'huissier annonça :
— Madame la comtesse de Talmay.

XIV. — L'ARRÊT.

Ce nom jeté à l'improviste au milieu des personnages rassemblés dans le cabinet produisit un véritable coup de théâtre.
Le visage du procureur du roi exprima un prodigieux étonnement.
M. de Talmay s'efforça de commander à son trouble, mais la rougeur de son front et de ses joues disparut pour faire place à la plus mortelle pâleur.
Georges tressaillit sur son siége comme s'il venait de recevoir en plein cœur la décharge d'une formidable pile de Volta.
Martial eut aux lèvres un sourire dont la signification n'était pas douteuse.
— Voici du renfort qui nous arrive ! — pensait le jeune homme.
Sylvanire leva ses mains et ses yeux vers le plafond à travées de chêne peintes de bleu et de vermillon, et elle murmura :
— Que veut dire cela ? — Je prévois qu'il va se passer ici quelque chose de très-dramatique!...
Cependant la comtesse venait de franchir le seuil, et d'un pas chancelant elle s'avançait vers le procureur du roi qui s'était levé en la voyant paraître.
Un seul regard jeté sur la jeune femme prouvait jusqu'à l'évidence que le comte n'avait point menti en la disant gravement indisposée.
Marie se soutenait à peine.
Elle était entièrement vêtue de deuil, comme pour une cérémonie funèbre. — Son chapeau de crêpe noir sans ornements rendait plus frappante la blancheur presque effrayante de son visage morne, qui ressemblait à un masque de cire vierge avec une tache d'un rouge vif sur chaque pommette.
Un double sillon d'azur, qu'on eût dit tracé au pinceau, ombrait le contour de ses paupières. — Une longue mèche de ses cheveux blonds en désordre s'échappait de la passe de son chapeau et flottait sur son cou.
Elle semblait souffrir en marchant, et sa taille frêle et souple ployait comme un roseau brisé.
M. de Talmay s'élança à sa rencontre, avec un empressement si bien joué que le plus clairvoyant en aurait été la dupe.
— Chère Marie, — s'écria-t-il, — quelle imprudence ! — Pourquoi venir ainsi toute seule ?... — Pourquoi n'être point partie avec moi, puisque vous vous sentiez en état de supporter le voyage ?...
Et il fit le geste de l'envelopper de son bras comme d'une écharpe.
Mais la comtesse, sans lui répondre et en repoussant doucement le bras qu'il étendait vers elle, continua à s'avancer et ne s'arrêta qu'à quelques pas du baron d'Autrichard.
— Monsieur le procureur du roi, — dit-elle d'une voix lente et sans inflexions, comme celle d'une somnambule qui parle pendant le sommeil magnétique, — vous m'avez fait appeler, je me rends à vos ordres.
— Madame la comtesse, — répondit le baron, — je suis désespéré que vous ayez quitté votre maison dans l'état de souffrance où je vous vois... — Je me serais transporté demain au château de Talmay afin de vous interroger...
— Interrogez-moi, monsieur. — Il me reste, grâce à Dieu, assez de force pour vous répondre...
— Monsieur le procureur du roi, — s'écria Henry, — voyez, madame la comtesse peut à peine se tenir debout... — Je vous en conjure au nom de l'humanité, remettez son interrogatoire à demain.
— Au nom de la justice, — répliqua Marie, — ne retardez pas d'une heure ce qui doit se faire sur-le-champ. — Déjà ma conscience me reproche d'avoir trop longtemps attendu...
Georges s'était levé. — Un tremblement convulsif agitait ses membres. — De grosses gouttes de sueur coulaient sur son front. — Ses yeux secs et brûlants se fixaient avec une sorte d'égarement, tantôt sur le procureur du roi et tantôt sur la comtesse.
Martial s'approcha de lui et pressa sa main avec force en lui disant tout bas

— Courage!...

— Interrogez-moi! répéta Marie.

— Je n'ai qu'une seule question à vous adresser, madame, — fit le magistrat. — Cette question, la voici : — Que savez-vous au sujet du vol dont M. de Commarin se reconnaît l'auteur?

— Je sais que M. de Commarin est innocent, et qu'il se perd volontairement afin de me sauver... — répondit Marie simplement.

— Pour vous sauver, madame!... — répéta le procureur du roi avec stupeur.

— M. de Commarin n'était pas seul dans le boudoir du château de Talmay quand mon mari en a brisé la porte, — poursuivit la comtesse, — et c'est pour cacher ma présence et pour sauvegarder mon honneur qu'il sacrifie aujourd'hui le sien;—mais je n'accepte pas ce sacrifice et je vous dis la vérité...

Pendant la courte déclaration de la jeune femme, Sylvanire trépignait d'enthousiasme.

— Ah! que c'est grand! que c'est beau! que c'est sublime!... balbutiait-elle. — Il me semble que je lis un roman bien pathétique!

— Vertu de ma vie! mon neveu n'était pas digne d'une femme comme celle-là !...

Lorsque Marie eut achevé, deux cris s'échappèrent à la fois des lèvres d'Henry et de celles de Georges.

— Elle est folle!...

— Elle est en délire!...

Et l'un comme l'autre ils ajoutaient :

— Au nom du ciel, ne la croyez pas!...

— Docteur, — fit le magistrat en s'adressant à Martial, — éclairez la justice... — Quel est en ce moment l'état moral de madame la comtesse de Talmay?

Georges glissa furtivement dans l'oreille de son ami cette phrase menaçante :

— Sauve-la, ou je me tue!...

Martial s'approcha de la comtesse.

— Docteur, — lui dit la jeune femme en souriant d'un triste sourire, — voici mon bras, je vous le donne avec confiance.

Le médecin appuya son doigt sur la veine de ce bras blanc et poli comme un marbre antique, puis il attacha pendant quelques secondes ses regards sur les regards de Marie.

— Eh bien? — demanda le magistrat.

— Monsieur le procureur du roi, — répondit Martial d'un ton assuré, — des émotions trop fortes, dont vous connaissez l'origine, ont amené à leur suite une fièvre violente, accompagnée de transport au cerveau, et par conséquent d'une perturbation momentanée des facultés intellectuelles... — La justice ne saurait s'appuyer en ce moment sur le témoignage que vous venez d'entendre... — Madame la comtesse est en délire, et le délire n'est autre chose qu'une folie passagère...

— Merci! — murmura Georges, — tu es un ami selon mon cœur... Oh! merci!...

Le visage de Marie s'empourpra.

— Monsieur, — dit-elle en s'approchant impétueusement de son mari, qui s'était reculé de quelques pas, et dont les traits offraient une indicible expression de haine et de triomphe, — vous savez bien que je ne suis pas en délire!... vous savez bien que je ne suis pas folle! — Dites-le donc! dites-le bien!...

— Chère Marie! — répliqua M. de Talmay d'un ton si bas et si doux, que la femme seule entendit ses paroles, et que les spectateurs de cette scène purent croire qu'il lui parlait comme on parle aux enfants malades pour les calmer et les consoler, — ou vous êtes folle en effet, et alors cet homme est un sauveur qu'il faut envoyer au bagne, — ou vous avez tout votre bon sens, et alors cet homme est votre amant. Le raisonnement est vigoureux et à deux tranchants, comme vous voyez! — Oui, c'est vrai, vous n'êtes pas folle, je le sais, mais il me plaît de le laisser croire. — La justice, qui me vengera de lui, me vengera de vous en même temps!...

— Ah! — cria Marie d'une voix étranglée, — vous êtes un lâche!

Elle battit l'air de ses mains étendues, et elle serait tombée à la renverse sans connaissance, si son mari ne l'avait reçue dans ses bras.

— Ciel!... glapit Sylvanire éperdue, et reprise incontinent d'une velléité d'attaque de nerfs, — ma nièce évanouie!... Ah! grand Dieu! je sens que je vais m'évanouir aussi...

— Non, — ajouta-t-elle aussitôt en aparté, — décidément je ne m'évanouirai pas, le temps me manque... — Il faut que je prodigue mes soins à cette chère enfant, il le faut!...

Et elle sautilla jusqu'auprès du fauteuil dans lequel M. de Talmay venait d'étendre sa femme.

Marie, toujours inanimée, fut portée dans une pièce voisine qui formait une sorte de petit salon et dans laquelle se trouvait un lit de repos.

Sylvanire et Martial s'y rendirent aussitôt, afin d'employer les moyens le plus efficaces pour mettre fin à l'évanouissement de la comtesse.

Au moment de quitter le cabinet, Martial s'approcha du procureur du roi et le prit à part pour lui dire :

— Je ne m'adresse pas au magistrat, — je parle à l'homme, — et j'ai l'honneur d'affirmer à monsieur d'Autrichard que madame de Talmay jouit en ce moment de tout son bon sens, et qu'elle n'a dit que la vérité.

— Je le savais. — murmura le procureur du roi.

Henry se disposait à suivre le docteur.

— Restez, monsieur, je vous prie, — fit le magistrat.

— Cependant, l'état dans lequel se trouve la comtesse me paraît impérieusement me présence...

— Je crois que c'est une erreur. — Madame la comtesse est entourée de soins suffisants, et vous me permettrez de douter qu'il lui doive être fort agréable de vous retrouver en face d'elle au moment où elle ouvrira les yeux...

— Soit, monsieur, je vous obéis...

Et Henry s'assit, mais avec une expression vive de contrainte et d'impatience.

— Monsieur le comte, — demanda le magistrat, — vous plairait-il de satisfaire ma curiosité au sujet d'un point qui n'a pas encore été éclairci?...

— De quoi s'agit-il?

— De ce que vous avez fait de votre temps, dans la nuit du 4 au 5 octobre, à partir de l'heure où vous m'avez quitté tout à coup, à la grille du parc, jusqu'à celle où vous êtes arrivé au château si fort à propos pour y surprendre M. de Commarin en flagrant délit de vol.

— L'emploi de mon temps!... — répliqua Henry. — Vous le connaissez, — je ne vous en ai pas fait mystère...

— Sans doute, mais les motifs parfaitement plausibles que vous avez allégués pour vous défaire de moi, n'expliquent en aucune façon votre retour au château pendant la nuit; ils le rendent invraisemblable, au contraire, et c'est la raison véritable de ce retour que je tiendrais particulièrement à connaître...

— Elle est bien simple... des papiers oubliés...

— Quels papiers?

— Des papiers relatifs à une affaire...

— Quelle affaire?

M. de Talmay ne répondit pas tout d'abord, et ce ne fut qu'au bout d'un instant qu'il parla d'un procès engagé, — de pièces de procédure, — d'une visite à faire à son avoué, etc...

Le procureur du roi reprit :

— Qu'est devenu le billet remis dans vos mains en ma présence par le garde Michel, et qui vous a décidé à vous séparer de moi brusquement?

— Je l'ai brûlé.

— Voilà qui est fâcheux : j'aurais un désir très-vif de le parcourir. J'espère du moins que vous ne refuserez pas de me faire connaître le nom de la personne par laquelle il avait été écrit...

Le comte de Talmay se leva.

— Monsieur le baron, — dit-il, — je ne répondrai pas plus longtemps. — Vos questions m'étonnent et me blessent, et je ne puis comprendre pourquoi vous me les adressez. — Ce que j'ai fait ne regarde que moi seul. — Je suis revenu au château parce qu'il m'a plu d'y revenir. — Je n'ai nul compte à vous rendre à cet égard. — Suis-je accusé? — La justice trouve-t-elle quelque chose de suspect dans ma vie? — Si cela est, faites-moi arrêter. — Dites-moi quel méfait ou quel crime on me soupçonne d'avoir commis, et ensuite interrogez-moi. — Ce sera votre droit, et mon devoir sera de vous répondre. — Jusque-là je suis libre et je prétends garder ma liberté de toutes les façons. — La place d'un mari est auprès de sa femme souffrante et en délire, monsieur le baron, et je vous demande la permission de rejoindre la mienne...

Henry salua le procureur du roi et entra dans la pièce où se trouvaient Martial, Sylvanire et Marié, qui n'allait pas tarder désormais à revenir à elle-même.

Aussitôt que la porte se fut refermée derrière lui, le baron d'Autrichard tendit la main à Georges étonné.

— Monsieur de Commarin, — lui dit-il, — il était inutile que M. de Talmay me répondît plus longuement. — Je sais ce que je voulais savoir. — Vous êtes innocent.

— Moi!... — balbutia Georges avec terreur. — Moi!...

— Oui, complètement innocent. J'en avais la prescience. — Maintenant j'en ai la certitude...

— Mais, je vous jure...

— A quoi bon jurer? — interrompit le magistrat, — je ne vous croirais pas...

— Cependant, monsieur...

— Écoutez-moi. — Je vais vous dire de quelle façon les choses se sont passées, et vous comprendrez que je sais tout et que j'ai tout compris. — Vous êtes l'amant de madame de Talmay...

— Sur mon honneur, sur l'honneur de ma mère et sur le salut de mon âme, — s'écria le jeune homme avec véhémence, — je vous jure que je ne suis pas l'amant de madame de Talmay, et qu'elle est pure et chaste comme la Vierge Marie elle-même!...

— Je vous crois, — mais enfin vous l'aimez et elle vous aime... — Vous lui avez écrit. — Or, ce billet, auquel la baronne de Lamargelle a fait une allusion qui vous a si vivement ému, contenait la demande d'un rendez-vous... — La comtesse s'est rendue à ce rendez-vous, peut-être, et je veux le croire, pour vous engager à cesser des poursuites sans espoir qui pouvaient la compromettre. — Une lettre anonyme (les lettres de ce genre sont toujours anonymes), remise au comte en ma présence, le prévenait de l'heure et du lieu du rendez-vous... — Il est revenu, il vous a enveloppés, la comtesse et vous, dans un filet aux mailles indestructibles; — il vous a pris, enfin, dans le traquenard où vous vous étiez jetés vous-mêmes... — C'est alors, — et pour sauver une femme que je crois digne de tout mon respect, — c'est alors que vous avez résolu de vous sacrifier. — Vous avez brisé la serrure d'un meuble plein d'argent, afin d'attirer sur vous seul les soupçons, et de livrer au comte un voleur, quand il croyait trouver un amant... — Vous avez fait cela, monsieur de Commarin ; — vous êtes un grand et brave cœur ! — Je vous estime, je vous admire, et je vous tends de nouveau la main !...

Le procureur du roi se tut.

Georges releva la tête, que depuis un instant il penchait sur sa poitrine. — Des larmes abondantes tombaient de ses yeux et sillonnaient ses joues amaigries.

— Monsieur le baron, — dit-il, — votre main ne doit pas toucher la mienne...

— Et pourquoi ?

— Parce que cette main s'est souillée et que vous regretteriez bien vite la généreuse erreur qui vous pousse en ce moment vers moi.

— Eh quoi ! vous persistez dans l'aveu d'un crime imaginaire !...

— Je le dois.

— Mais c'est de la folie !...

— Non, monsieur... c'est le courage d'un coupable repentant qui veut se relever et se purifier en expiant sa faute...

— Oubliez-vous donc les déclarations de la comtesse elle-même?

— Martial vous l'a dit, la comtesse est en délire !... — D'ailleurs quelle autorité peuvent avoir les paroles d'une femme en face du flagrant délit et de mes propres aveux ?...

Pendant quelques secondes M. d'Autrichard cacha son visage entre ses deux mains, puis, saisissant par un mouvement brusque les larges feuilles de papier timbré sur lesquelles son secrétaire avait écrit les demandes et les réponses de l'interrogatoire du jeune homme, il lui jeta ces feuilles sous les yeux en s'écriant :

— Mais, malheureux, vous n'avez donc pas compris !... — Votre signature au bas de ces pages, c'est la flétrissure de toute votre vie, c'est une condamnation terrible et certaine !...

— Terrible et juste ! — répondit Georges.

— C'est l'infamie ! — c'est le bagne !...

M. de Commarin prit une plume, la trempa dans l'encre, et d'une main ferme écrivit son nom au-dessous de la dernière ligne de l'interrogatoire.

Le procureur du roi, plus pâle que le prévenu lui-même, se laissa retomber sur son siège en murmurant :

— Il est perdu !...

— Elle est sauvée !... — se disait Georges en même temps.

§

Dijon n'est point une ville bruyante et populeuse, tant s'en faut. — Dans la plupart de ses rues l'herbe pousse entre les pavés, et l'étranger regarde avec un sourire d'étonnement ces mosaïques vertes et blanches. — La grande rue, la rue Condé (aujourd'hui rue de la Liberté) et la place d'armes sont, grâce aux officiers de la garnison et aux étudiants de l'école de droit, les seules parties un peu vivantes de la vieille et noble cité.

Par une exception dont nous connaîtrons bientôt la cause, la ville des ducs de Bourgogne, trois mois après la scène que nous venons de mettre sous les yeux de nos lecteurs, était pleine de mouvement et d'agitation. — Des groupes émus et discoureurs se pressaient dans toutes les rues. — Les boutiquiers, ordinairement silencieux et recueillis derrière leurs comptoirs, stationnaient sur le seuil de leurs magasins. — La foule (une de ces vraies foules qu'on ne rencontre guère qu'aux jours d'émeute et aux jours de fêtes) encombrait les abords du palais de justice.

La première séance de la session des assises avait lieu ce jour-là, et la première affaire évoquée était celle de Georges de Commarin.

Ce procès passionnait non-seulement la ville, mais la province presque entière, et soulevait un immense intérêt de curiosité.

De tous les points du département les gens avides d'émotions étaient accourus.

Les hommes appartenant à la plus haute aristocratie, et les plus jolies femmes de la ville, avaient fait les démarches et presque des bassesses pour obtenir des billets d'admission dans la vaste salle devenue momentanément trop étroite.

Georges était acclamé par les uns et honni par les autres. — Il avait des amis enthousiastes et des détracteurs acharnés.

Ceux-ci le proclamaient sublime. — Ceux-là le traitaient de misérable.

Les premiers attendaient un acquittement éclatant. — Les derniers prédisaient une condamnation aux travaux forcés à perpétuité.

Un grand nombre de citoyens d'opinions avancées se réjouissaient très-fort à l'idée de voir un gentilhomme envoyé au bagne. (Il ne faut pas perdre de vue que ceci se passait à la veille de la révolution de 1830.)

Bref, tout le monde s'attendait à l'une de ces séances ultra-dramatiques et fécondes en péripéties pimentées, qui préparent une besogne facile aux fournisseurs attitrés des théâtres du boulevard.

Cette attente si légitime et si naturelle fut complètement déçue.

Le procureur du roi, dans un réquisitoire où la bienveillance pour l'accusé éclatait à chaque mot, rappela le passé sans tache de M. de Commarin, et énuméra brièvement les charges qui pesaient sur lui, en les atténuant autant que la chose était possible. — Le nom de madame de Talmay ne fut pas prononcé.—L'éminent magistrat avait reculé devant la certitude de produire un immense scandale sans aucun résultat utile. — Il savait bien qu'une grande iniquité judiciaire allait se commettre, mais il savait aussi qu'aucune puissance humaine n'était capable de l'empêcher.

Georges ne permit point à l'avocat nommé d'office pour le défendre de se lever et de prendre la parole.

— On n'excuse pas ce qui est inexcusable, — dit-il : — toute faute appelle son châtiment; sans cela, la justice ne serait plus la justice. — J'ai commis une mauvaise action, j'en dois porter la peine — L'arrêt qui va me frapper ne trouvera dans mon cœur que résignation et repentir.

Les jurés se retirèrent dans la salle de leurs délibérations.

Le crime était flagrant, — avoué. — Le verdict ne pouvait être douteux.

— Sur mon honneur et sur ma conscience, devant Dieu et devant les hommes, la déclaration du jury est : — Oui, l'accusé est coupable ! — vint dire le chef du jury.

Il ne restait aux magistrats qu'à faire l'application de la loi.

Ils s'acquittèrent de ce devoir avec une grande modération.

Georges fut condamné au minimum de la peine, — cinq ans de travaux forcés, sans exposition.

Au moment où l'arrêt venait d'être prononcé, la baronne Sylvanire de Lamargelle, qui avait absolument voulu assister à la séance, poussa un cri aigu et se donna la joie d'une attaque de nerfs terminée par un évanouissement.

Martial s'approcha de son ami et lui serra la main en lui disant tout bas, comme trois mois auparavant :

— Courage !...

— Tu vois bien que j'en ai, — répondit Georges avec un sourire.

— Forme aujourd'hui même un recours en grâce ou une demande en commutation de peine, — continua Martial. — Le procureur du roi l'appuiera de tout son pouvoir.

— A quoi bon ? — Je trouverais lâche de demander grâce puisque je me suis avoué coupable ; — et quant à la commutation, mieux vaut après tout le grand air et les immenses horizons de Toulon ou de Brest que les murs sombres et les miasmes infects d'une prison... — Je subirai ma peine.

§

Le lendemain de la condamnation de Georges, M. de Talmay et sa femme, toujours extrêmement souffrante, quittèrent la Bourgogne pour aller à Paris, où, disait-on, ils devaient se fixer.

Sylvanire partit avec eux, mais par affection et dévouement pour Marie, car elle professait désormais, à l'endroit de son neveu Henry, la plus bouillante animosité.

— Pourquoi faut-il que je sois à peu près du même âge que lui ! — se disait-elle de temps en temps, — j'aurais un plaisir si vif à le déshériter tout de suite ! — Mais patience, patience ! il ne perdra rien pour attendre !...

Quelques semaines après le jugement qui le rayait du livre d'or de la société pour l'inscrire sur le registre infamant des galères, où il allait devenir, non plus un homme, mais un numéro, Georges fut dirigé vers le dépôt de Brest.

Presque à la même époque la ville de Dijon se vit attristée par le départ inattendu de Martial, son médecin favori.

Le jeune docteur vendit ses meubles, — fit ses adieux à sa nombreuse clientèle et se mit en route pour un voyage qui, dit-il, devait être long. Il ajouta que son retour était peu probable.

Personne ne connut le but de ce voyage ; — personne, excepté le baron d'Autrichard qui remit à Martial des lettres de recommandation importantes.

Ce que nul ne savait, nous le savons, nous, et nous pouvons le dire. Martial Herbelin allait à Brest avec l'espoir bien fondé de se faire nommer médecin du bagne.

XV. — UNE RENCONTRE AUX EAUX DE SPA.

Les romanciers ont d'imprescriptibles privilèges sans lesquels leur métier serait, je vous le jure, le plus impossible et le plus décourageant de tous les métiers.

Les lois de l'espace et du temps n'existent pas pour eux.

Ils peuvent enfourcher à leur gré l'hippogriffe de la fantaisie, franchir en quelques pages ou même en quelques lignes des semaines, des mois, des années, — de l'enfant faire un vieillard, — quitter Paris pour la Chine, et les Grandes-Indes pour Londres ou Berlin.

Nous allons user de ce droit et transporter nos lecteurs en Belgique, aux eaux de Spa, dans le courant du mois d'août de l'année 1836, sept ans à peu près, par conséquent, après le jugement et la condamnation de Georges de Commarin.

Tous les gens de vie confortable et de haute élégance connaissent l'établissement thermal que nous venons de nommer et l'ont pratiqué plus ou moins ; — une description, même sommaire, serait donc parfaitement oiseuse, et nous nous abstiendrons avec joie.

La *saison* était brillante. — Les millionnaires de toute l'Europe semblaient s'être donné rendez-vous à Spa. — Les hôtels et les maisons particulières regorgeaient de monde. — Les bals et les concerts se succédaient sans relâche, à la grande joie des dilettantes et des jolies femmes qui trouvaient à se rassasier de musique et de danse.

Presque toujours dans les réunions nombreuses et composées d'éléments hétérogènes, il se rencontre un personnage qui, à un titre quelconque, fait plus particulièrement sensation et concentre sur lui l'attention générale.

Ce personnage est tantôt un écrivain célèbre ou un grand artiste, — tantôt un dandy marchant beaucoup plus ou moins de bonheur sur les traces du comte d'Orsay ou de l'inimitable Brummel, — tantôt un homme de beaucoup d'esprit, — tantôt un *excentric-man*, comme on dit en Angleterre.

Nous devons ajouter que parfois la foule s'exagère singulièrement les qualités et les mérites de celui dont elle fait son favori et à qui elle décerne pour quelques semaines le sceptre fragile de la popularité et l'éphémère royauté de la mode.

Le héros de la saison, à Spa, en 1836, était un Français et s'appelait Georges de Bracieux. — On ne parlait que de lui, et ses moindres actions excitaient littéralement l'enthousiasme universel.

Voici quels étaient les titres de M. de Bracieux à la faveur universelle dont il jouissait sans conteste.

Sa beauté remarquable, et surtout étrange, attirait tout d'abord et captivait le regard.

Quoique évidemment il fût jeune encore, il paraissait difficile ou même impossible de lui donner un âge précis : ses cheveux bruns et mollement ondulés étaient non pas grisonnants, mais entremêlés, çà et là, de mèches d'une éclatante blancheur ; — parfois une ride profonde sillonnait son front, et parfois aussi cette ride disparaissait absolument.

Les yeux de M. de Bracieux, très-grands et très-noirs, *éclairaient* en quelque sorte son visage régulier et d'une pâleur marmoréenne, — ils offraient une expression multiple et changeante comme les aspects de la mer ; — souvent mélancoliques et rêveurs, — souvent étincelants d'un feu bizarre, — ils avaient à certaines heures le regard sombre et morne d'un homme *qui est descendu tout vivant dans les profondeurs de l'enfer*, comme les femmes italiennes le disaient à leurs enfants épouvantés en regardant passer le Dante.

La bouche, tantôt entr'ouverte par un sourire plein de grâce et de bienveillance, tantôt contractée par un *rictus* amer et sardonique, disparaissait à demi sous des moustaches longues et soyeuses.

Ces vives et bizarres oppositions, qui frappaient l'observateur dans le visage du lion de Spa, se retrouvaient dans son caractère.

On avait vu M. de Bracieux, en proie à des accès de passagers accès de spleen, passer plusieurs jours sans franchir le seuil du chalet délicieux dont il faisait sa résidence, et sans y vouloir admettre un seul visiteur, puis, aussitôt après, se livrer au plaisir avec une infatigable ardeur et devenir l'âme de toutes les fêtes et de toutes les parties.

Peut-être cette gaieté bruyante, nerveuse, toute en dehors, ressemblait-elle beaucoup à la joie nerveuse et fiévreuse de l'homme désespéré qui veut s'étourdir et qui demande au vin de Champagne l'oubli des larmes et le don du rire, — mais la foule enchantée ne se préoccupait point de savoir si le masque souriant cachait un visage morne et blafard...

Qu'importe à la foule ?

Quand on l'amuse, c'est assez, — elle ne demande pas autre chose.

Personne ne connaissait la fortune de M. de Bracieux, mais cette fortune devait être énorme, à en juger du moins par le luxe quasi princier du Français, par ses prodigalités fastueuses et par les sommes considérables qu'il répandait en bienfaits autour de lui.

M. de Bracieux avait à Spa huit chevaux de la plus merveilleuse beauté et un état de maison à l'avenant.

Ses domestiques ne portaient pas la livrée, — ils étaient uniformément vêtus de noir, et lui-même ne quittait jamais le grand deuil, ce qui d'ailleurs ne nuisait en rien à son élégance. On racontait de lui des traits de munificence touchant presque à la folie.

Un soir, — ayant jeté une poignée de pièces d'or sur le tapis vert de la roulette, — il gagna vingt mille francs.

Peut-être allait-il continuer et risquer ces vingt mille francs d'un seul coup, car il était aussi peu soucieux du gain que de la perte, quand une personne de sa connaissance l'appela en passant.

Il roula négligemment les billets de banque, — les mit dans la poche de côté de son habit et sortit du salon de jeu.

Une heure après il était assis en plein air devant un café, fumant un cigare de Manille et dégustant un sorbet au rhum, lorsqu'une jeune fille, une musicienne ambulante, pâle et jolie et d'une tournure gracieuse et décente, s'arrêta en face de lui, et après avoir joué quelques vieux airs de romances sur une guitare de forme antique, tendit à son auditeur une petite sébile d'étain.

M. de Bracieux mit un louis dans cette sébile.

Un sourire de joie céleste illumina le visage de la musicienne, et elle s'écria avec une expression de reconnaissance qui venait de cœur :

— Oh ! merci, monsieur !... merci !...

— Mon enfant, — demanda le Français, — pourquoi donc semblez-vous si heureuse ?...

— Parce que la pièce d'or que vous venez de me donner augmente mon petit trésor, — répondit la jeune fille, pâle et jolie, — et, quand il sera complet, je pourrai quitter enfin un métier que je déteste...

— Pourquoi le détestez-vous ?

— Parce que celles qui le font sont méprisées et que presque toutes le méritent...

— Quand vous serez libre, que ferez-vous ?

— Je retournerai auprès de ma mère et j'épouserai un jeune homme à qui je suis promise...

— Et que vous aimez ?

— De toute mon âme !

— Quel est votre pays, mon enfant ?...

— Paris.

— Comment vous nommez-vous ?

— Marie.

M. de Bracieux tressaillit.

— Ah ! — répéta-t-il d'une voix émue, — vous vous nommez *Marie*...

— Oui, monsieur.

— Quelle somme vous est nécessaire pour la réalisation de vos projets d'avenir ?...

— Trois mille francs.

M. de Bracieux tira de sa poche le rouleau de billets de banque qu'il venait de gagner et le présenta à la musicienne stupéfaite, en lui disant :

— Tenez, mon enfant, — tenez, *Marie*, — en voici vingt mille ; — soyez heureuse, et, si vous êtes reconnaissante, priez parfois pour une pauvre femme qui porte le même nom que vous...

Puis, sans attendre les remerciements de celle qu'il enrichissait bien au-delà de ses espérances et de ses rêves, il s'éloigna rapidement.

Vingt anecdotes du même genre prouvaient l'inépuisable générosité du personnage qui nous occupe.

Depuis trois mois que M. de Bracieux se trouvait à Spa, en butte aux provocantes agaceries d'une foule de charmantes sirènes à qui sa beauté, son originalité, et surtout sa fortune, tournaient la tête, il n'avait été le héros d'aucune anecdote scandaleuse ou seulement galante.

Sans affectation et sans pruderie, il aurait, disait-on, abandonné son manteau entre les mains d'une Putiphar entreprenante, plutôt que de renoncer aux vœux d'étrange rigorisme qu'il semblait avoir prononcés.

A coup sûr cette conduite ne résultait point d'une vertu poussée jusqu'au ridicule ; — elle devait être la conséquence de l'inviolable fidélité du Français à un souvenir, — à une morte peut-être.

M. de Bracieux ne vivait pas seul.

Il avait auprès de lui l'un de ses amis ; — homme très-charmant, très-spirituel et, disait-on, très-savant, qui partageait sa popularité et qu'on appelait *le docteur*.

Ce docteur, jeune encore, de fort grande mine et chevalier de la Légion d'honneur, passait les deux tiers de sa vie à visiter les malades indigents de Spa et des environs.

Non-seulement il n'acceptait aucune rémunération pour ses soins assidus, mais encore il fournissait, à titre gratuit, à sa nombreuse clientèle, tous les médicaments nécessaires et répandait dans les mansardes et dans les chaumières d'abondantes aumônes.

Le reste de son temps appartenait au monde, et les étrangers de distinction le recherchaient pour le charme et la courtoisie de ses manières et pour l'attrait de sa conversation à la fois solide et brillante.

Pénétrons, s'il vous plaît, dans les salons de la *Redoute* (ainsi se nomme le véritable Kursaal de Spa), — vaste et magnifique bâtiment, construit au centre de la ville, dans le style Louis XV le plus pur, avec un escalier monumental.

Une des grandes fêtes de la saison allait avoir lieu, — concert, spectacle et bal ; — mais comme il n'était que huit heures du soir, la foule élégante n'affluait pas encore, — les musiciens des orchestres mettaient leurs instruments d'accord, et des promeneurs en petit nombre peuplaient seuls l'immense solitude des salles éclairées à giorno.

Apparent rari, nantes in gurgite vasto !...

Qu'on nous pardonne cette classique citation.

Le docteur allait et venait lentement, sous les flammes éblouissantes des lustres et des girandoles, côte à côte avec un pair d'Angleterre qui le consultait au sujet d'une demi-douzaine de maladies imaginaires et auquel il répondait invariablement toutes les trois minutes :

— La distraction, mylord, la distraction... — Amusez-vous et vous serez guéri...

Peu à peu cependant la solitude se peuplait.

Quelques jolies femmes, quelques fraîches toilettes apparaissaient, et çà et là on voyait briller de beaux yeux et scintiller des diamants.

Le docteur venait enfin de quitter son Anglais, ou plutôt d'être quitté par lui, et poussait un *ouf!* de satisfaction et de délivrance, quand il se trouva face à face avec une forme longue et mince, vêtue de rose vif et décolletée un peu plus que de raison.

Deux exclamations se croisèrent.

— Le docteur Martial !...

— La baronne de Lamargelle !...

Sylvanire, — car en effet c'était bien elle, — n'avait point changé depuis sept années, — ou du moins elle avait trouvé le secret

De réparer des ans l'irréparable outrage !...

Des cosmétiques un peu plus épais plâtraient des rides un peu plus profondes, et le pastel dans son ensemble offrait en 1836 la même apparence qu'en 1829.

Peut-être la taille avait-elle pris un peu de raideur, mais, comme elle était toujours aussi sèche, l'aspect général ne se trouvait point modifié.

La baronne conservait d'ailleurs sa passion pour les couleurs tendres, pour les exhibitions d'épaules et pour les *bijoux-souvenirs*.

Au moment où elle aperçut Martial, sa figure s'éclaira d'une joie vive. Le visage du médecin n'exprima que la surprise et une nuance d'inquiétude.

— Ce cher docteur !... — s'écria Sylvanire, — quel plaisir inattendu !... — Arriver ce matin à Spa, et le trouver ce soir à la Redoute !... — C'est à peine si j'en crois mes yeux !... — voilà ce qui s'appelle une heureuse rencontre, une vraie rencontre de comédie ou de roman !...

Et elle s'empara triomphalement du bras de son interlocuteur, en se promettant bien de ne lui rendre sa liberté qu'à bon escient.

— Madame la baronne me paraît se porter à merveille, — dit Martial, qui, sachant bien à qui il s'adressait, pouvait risquer sans crainte des compliments presque pareils à des épigrammes, — elle est jolie et séduisante plus que jamais !...

— Eh! mon Dieu, — répliqua la douairière de la meilleure foi du monde, — je le sais, — je ne change pas... — Une aimable fée, qui me voulait du bien, a mis sans doute dans mon berceau quelques douzaines de flacons de la fontaine de Jouvence... — Êtes-vous ici depuis longtemps, cher docteur ?

— Depuis trois mois, madame la baronne.

— Pour raison de santé ?

— Oh ! pas le moins du monde.

— Allons, tant mieux ! — Moi, je vous le répète, j'arrive... — Je me trouve à Spa depuis quatre heures de l'après-midi.

— Seule ?...

— Non pas, — mon neveu et sa femme m'accompagnent.

— Madame la comtesse de Talmay ! — murmura le docteur en pâlissant.

— Elle-même... — Cette chère Marie, je ne la quitte guère... — elle ne pourrait se passer de moi...— quoique nous soyons, à peu de chose près, au même âge, je suis véritablement une mère pour elle.

— Et la santé de madame de Talmay ?...

— Déplorable, docteur, déplorable !... — La chère enfant ne s'est jamais relevée des suites foudroyantes d'une émotion au sujet de cette horrible affaire que, sans doute vous ne pouvez avoir oubliée... (Mon Dieu, que mon neveu s'est mal conduit dans ces tristes circonstances!. .) — La condamnation de ce pauvre Georges, qu'elle savait innocent, — innocence dont je n'ai jamais douté, vous vous en souvenez, non plus que vous, d'ailleurs, — a porté à la santé de Marie un coup terrible... — Depuis cette époque elle ne vit plus, elle se traîne, et je ne conserve aucune espérance de la voir se remettre un jour d'une façon complète...

— Il paraît cependant que madame de Talmay veut essayer de l'influence salutaire des eaux de Spa ?...

— N'en croyez rien, — ce n'est pas elle qui vient ici de son plein gré... — C'est mon neveu qui l'y conduit, comme il la conduit partout...

— Que voulez-vous dire, madame la baronne ?

— Je veux dire que, dans l'hiver qui suivit ce funeste automne de 1829, Henry se fit donner une consultation par trois ou quatre des principaux médecins de Paris, auxquels il expliqua comme il l'entendit la maladie de sa femme... — Ces messieurs prescrivirent à l'unanimité, comme unique antidote, la distraction... — C'est un remède que vous connaissez sans doute, cher docteur ?...

— Je l'ordonnais il n'y a qu'un instant, — mais je le réserve en général pour les gens qui ne sont pas malades.

— Armé de sa consultation qu'il prenait au pied de la lettre, — continua Sylvanire, — mon neveu, depuis cette époque, a passé son temps à *distraire* sa femme avec une incroyable ténacité... — La pauvre enfant n'a plus une minute de repos, tant il faut s'amuser et se distraire sans trêve et sans relâche... — Moi, je me sacrifie pour ne pas la laisser seule avec son mari, et je me distrais de compagnie... — Vous savez, cher docteur, que j'ai toujours eu les plus grandes dispositions au dévouement... — Bref, notre existence entière est consacrée à des plaisirs sans trêve et sans fin, qui se succèdent avec la plus invariable régularité. — L'été, Dieppe, Trouville, Brighton, Bade, Plombières, Bagnères, enfin tous les endroits où l'on s'amuse sous prétexte de se guérir, nous reçoivent et nous fatiguent. — L'hiver, à Paris, nous ne manquons pas une représentation de l'Opéra ou des Italiens, et nous allons chaque soir dans trois ou quatre salons. — Du 15 novembre au 15 avril, moi qui vous parle, je ne me suis pas mise une seule fois dans mon lit, depuis six ans, avant quatre heures du matin... et ma nièce en a fait autant... — Que pensez-vous de ce régime ?

— Je ne connais aucune constitution assez forte pour y résister !...

— Excepté la mienne, docteur, excepté la mienne !... — Le ciel récompense mon sacrifice ! — je n'en souffre vraiment pas trop ! — je suis d'acier ! — je plie et ne romps jamais !...

— Mais, d'après ce que vous venez de me dire, il n'en est pas de même pour madame la comtesse...

— Hélas! hélas!... la pauvre chère enfant, malgré ces distractions administrées à grandes doses et selon l'ordonnance, languit comme une fleur qui s'incline sur sa tige... Vous la verrez, docteur, et vous serez effrayé de l'expression souffrante et désolée de son visage... — Elle est toujours belle, cependant, belle comme un ange... à ce point que lorsque nous paraissons ensemble dans une fête, elle a le plus grand succès, même à côté de moi... jugez!! — Beaucoup de gens, en la voyant si pâle et si triste au milieu des plaisirs, se persuadent qu'elle donne cette expression à son visage pour se rendre intéressante. — Mais je sais qu'il n'en est rien... d'ailleurs, dans quelques instants, vous en jugerez par vos propres yeux.

— Comment, dans quelques instants!! — s'écria Martial.

— Sans doute, — Henry et Marie vont venir au bal.

— Ce soir?...

— Qu'y a-t-il d'étonnant à cela?

— Madame de Talmay arrive à peine, — elle vient de voyager, — elle doit être brisée de fatigue...

— Je ne dis pas non, mais mon neveu n'est point homme à perdre une minute; il n'admet pas la fatigue : il n'admet que la distraction.

— C'est de la cruauté.

— Il prétend que c'est de l'exactitude et qu'un traitement perd tout son effet lorsqu'il est interrompu... — A propos, docteur, — continua Sylvanire, en brusquant, comme on voit, la transition, — puisque vous êtes ici depuis trois mois, vous devez y connaître tout le monde...

— A peu près.

— Dès mon arrivée j'ai pris quelques renseignements sur les gens de mérite et d'élégance qui se trouvent à Spa, — mais ces renseignements, émanés de subalternes, furent nécessairement très-superficiels... — Je compte sur vous pour les compléter... parlez-moi donc un peu du lion de la saison, de ce personnage accompli, beau et mystérieux comme un héros de roman, et dont on fait si grand bruit ici...

— Comment se nomme cette merveille?

— Georges de Bracieux, m'a-t-on dit.

— Madame la baronne, — répondit Martial, — voilà les salons qui se remplissent, — nous sommes au milieu de la foule et le concert commence; — si vous le voulez bien, j'aurai l'honneur de vous conduire dans un petit salon exclusivement réservé aux joueurs de whist et où nous pourrons nous asseoir et causer en toute liberté...

Sylvanire agita en minaudant le bel éventail peint par David, et murmura d'une voix enfantine :

— Seule avec vous, docteur!.. — un tête-à-tête!.. — en vérité, je ne sais si je dois...C'est bien compromettant!...

— Bah! madame la baronne, — risquez-vous...

— Vous me promettez d'être sage?

— Sur l'honneur!!

— Allons, je me risque...

Et Sylvanire accompagna ces derniers mots d'une œillade très-encourageante.

Le docteur et la douairière arrivèrent dans la petite pièce où les gens sérieux, pour qui le whist constitue le plus complet de tous les plaisirs, n'étaient point encore installés. Sur les tapis verts des tables de jeu, les paniers de fiches et les paquets de cartes toutes neuves s'étalaient entre les bougies surmontées de leurs abat-jour.

Martial avança un fauteuil à la douairière, s'assit à son côté, d'un air que Sylvanire trouva peut-être un peu trop respectueux.

L'orchestre lointain commençait les premières mesures de l'ouverture du *Freischutz*.

XVI. — PENDANT LE BAL.

— Madame la baronne, — dit Martial, — vous m'avez fait l'honneur de me demander des renseignements sur le *lion* de cette année aux eaux de Spa, sur M. Georges de Bracieux?

— Oui, cher docteur.

— La mère de Georges de Commarin, — le condamné de 1829, — s'appelait avant son mariage mademoiselle de Bracieux...

— Mais alors, — interrompit vivement la douairière, — MM. de Bracieux et M. de Commarin sont parents!...

— Mieux que cela, madame la baronne. — MM. de Bracieux et de Commarin ne sont qu'un seul et même homme.

Sylvanire poussa le plus joli cri du monde, frappa ses mains l'une dans l'autre et donna les témoignages d'une émotion extraordinaire.

— Ah! docteur, cher docteur, — fit-elle d'une voix mourante, en se renversant à demi dans le fauteuil où elle était très-comfortablement installée, — soutenez-moi, je défaille!... — Heureusement j'ai toujours sur moi un petit flacon de sels anglais... — fouillez au plus vite, docteur, cherchez-le, et me le donnez...

Martial se prêta de bonne grâce à cette fantaisie et poussa la complaisance jusqu'à placer le flacon tout débouché sous les narines de la douairière qui paraissait mine de se pâmer bel et bien.

— Grand Dieu! quelle nouvelle surprenante!! — s'écria-t-elle au bout d'un instant — vous m'en voyez absolument pétrifiée!!—Georges de Commarin ici!! — lui! mon héros!! — lui, le plus chevaleresque des hommes!... le plus sublime des amants du passé et de l'avenir!! — est-ce bien possible? — ai-je compris vos paroles? — ne me suis-je point abusée ou ne me trompez-vous pas?!

— Ni l'un ni l'autre, madame...

— Mais, docteur, par quel surprenant concours de romanesques circonstances Georges se trouve-t-il en ces lieux?... et sous un nom qui n'est pas le sien?..

— Sa présence à Spa n'a rien que de très-naturel. — J'ajouterai qu'il a pris le nom de sa mère parce qu'il ne pouvait plus porter le sien, déshonoré par une sentence infamante.

— Sentence inique et abominable!!..

— Non madame, puisque les juges n'ont fait que leur devoir en condamnant l'homme qui se déclarait coupable...

— Ce n'étaient pas des fers que méritait Georges! oh! non!... — reprit Sylvanire avec exaltation : — c'était une couronne de laurier!!

— Hélas, madame la baronne, la cour d'assises en décerne peu!

— Enfin, il est ici! — je vais donc le voir, — le serrer dans mes bras! proclamer tout haut sa sublime conduite!!

— Gardez-vous-en bien, madame la baronne!!

— Mais, pourquoi?..

— Georges ne peut trouver désormais en ce monde, je ne dirai pas le bonheur, mais le repos, qu'à la condition d'ensevelir dans une ombre profonde un passé que la justice a flétri...

— Vous avez raison, docteur, toujours raison... — Je me contiendrai... j'aurai la force de contenir... — M. de Commarin sera-t-il ici ce soir?

— Il devait y venir après le concert, mais j'irai le rejoindre dans un instant et je parviendrai, du moins je l'espère, à le retenir chez lui. — Il ne faut pas qu'il puisse se trouver en face de M. de Talmay... et de la comtesse...

— Je vous approuve tout à fait, docteur... la pauvre Marie recevrait une commotion trop terrible si elle le revoyait ainsi tout à coup, à l'improviste... — Je la préviendrai avec tous les ménagements imaginables... avec des précautions infinies...

— Ne pourriez-vous décider M. de Talmay à quitter Spa sur-le-champ, pour Hombourg ou pour Aix-la-Chapelle?...

— Décider mon neveu à quelque chose!! — ah! docteur, on voit bien que vous ne le connaissez mal! — Une fois à la vie!! — j'y perdrais vingt fois mon nom de Sylvanire de Lamargelle avant de rien obtenir! — S'il a résolu de passer ici un mois, il n'en partira pas avant le trente et unième jour écoulé! — C'est un homme de bronze! — il verrait le monde s'écrouler autour de lui, sans daigner modifier un seul de ses projets...

— Alors je tâcherai d'obtenir de Georges qu'il s'éloigne... mais j'ai peu d'espoir d'y réussir...

— Quoi qu'il advienne, je verrai M. de Commarin avant son départ, n'est-ce pas? oh! je le verrai...

— Oui, madame, — je vous le promets...

— Il faut me le jurer!...

— Eh bien, je vous le jure.

— *A propos,* — demanda Sylvanire, qui, nous le savons, n'avait nul souci des transitions bien amenées, — Georges songe-t-il au mariage?

— Non, madame, je ne le crois pas. — Puis-je vous demander pourquoi cette question?

— C'est que je connais une veuve, — jeune encore, jolie et merveilleusement conservée, — femme de beaucoup d'esprit, d'ailleurs, et riche de quarante mille livres de rente, qui ressent pour M. de Commarin une sympathie prodigieuse et qui l'accepterait très-volontiers pour mari... — Ne voudriez-vous pas lui en dire deux ou trois mots, cher docteur?...

Martial ne put s'empêcher de sourire. — Il connaissait la veuve *jeune encore, jolie et merveilleusement conservée.*

— Madame la baronne, — répondit-il, — je m'acquitterai de grand cœur de la flatteuse mission dont vous me chargez... — mais je ne vous dissimulerai point que les chances de succès me paraissent à peu près nulles...

— Cependant, une jolie femme et quarante mille livres de rente...

— C'est très-séduisant, je l'avoue; mais Georges est difficile à séduire. — Je ne sais si son cœur est libre, et j'ai la certitude que la fortune serait sur lui sans influence...

— Docteur, on affirme que M. de Bracieux est millionnaire.

— Et l'on a raison de l'affirmer.

— Comment cela se peut-il faire, puisque M. de Commarin était ruiné en 1829?...

— Pour vous répondre, madame la baronne, je suis obligé d'entrer dans quelques détails qui vous sembleront, je le crains, complètement dépourvus d'intérêt...

— Ah! que vous me jugez mal!! — parlez, cher docteur, parlez... Tout ce qui touche à Georges de Commarin m'intéresse beaucoup plus que je ne saurais le dire...

— Je n'ai pas besoin, je pense, de vous demander une inviolable discrétion?

— Je serai muette comme la tombe!!

— Eh bien, madame, voici les faits : — Après la condamnation terrible qui l'avait frappé, Georges fut dirigé sur le bagne de Brest...

— Mon cœur saigne à cette pensée!! — interrompit Sylvanire.

Et, en aparté, elle ajouta :

— Oh! mon neveu... mon neveu... ne comptez pas, ne comptez jamais sur mon héritage!...

— Presque en même temps que lui je quittai Dijon pour n'y plus revenir, — reprit le médecin.

— Où alliez-vous, docteur?

— A Brest; — je ne voulais pas me séparer de Georges.

— Oh! dévouement inouï! oh! touchante amitié! — Damon et Pythias!... — Castor et Pollux! — Oreste et Pylade!... — murmura la douairière attendrie, en prenant les mains de Martial et en les serrant énergiquement. — Continuez, docteur, et ne vous étonnez point si vous voyez mes larmes couler... — je suis d'une sensibilité exquise... — mon âme ne saurait se comparer qu'aux pétales de la sensitive...

Le docteur poursuivit :

— Grâce aux lettres de recommandation qui m'avaient été données par le procureur du roi de Dijon, je fus nommé sans difficulté médecin en chef du bagne, ce qui me permettait de voir Georges chaque jour et d'adoucir par tous les moyens en mon pouvoir les horreurs de sa position...

Sylvanire gémissait à fendre le cœur, — seulement, elle ne pleurait point, parce qu'elle savait par expérience que les larmes, en délayant sur ses joues le blanc et le rouge, produisaient le gâchis le plus déplorable.

— On ne tarda guère à s'occuper beaucoup dans la ville du forçat gentilhomme, — continua Martial, — et au bout de quelque temps personne ne doutait de son innocence; pas plus les sommités aristocratiques que les galériens eux-mêmes. — Un immense intérêt s'attachait à la victime volontaire d'un admirable sacrifice, et cet intérêt prenait toutes les formes pour se manifester. — On sut bien vite que j'avais abandonné ma clientèle dans une autre ville pour suivre mon ami. — On s'exagéra singulièrement la valeur de cette action si simple et je devins le plus occupé des médecins de la ville... — chacun voulait guérir ou mourir de ma main...

— Allons, — murmura madame de Lamargelle, — voilà une excellente ville!... — Ces gens de Brest ont de l'esprit et du cœur... — je les embrasserais avec plaisir.

— Parmi mes clients, — reprit Martial, — se trouvait un Anglais célibataire et millionnaire, sans famille dans son pays et sans affections en France. — Une maladie de consomption opérait sur lui d'effrayants ravages et rendait possible de déterminer, avec une précision mathématique, le nombre de jours qu'il avait encore à vivre.

— Cet Anglais m'interrogeait sans cesse sur le compte de Georges, et je crus devoir ne lui cacher aucune des circonstances que vous connaissez vous-même. — A l'époque prévue par moi, il s'éteignit doucement et presque sans souffrance. — Son testament, déposé chez un des principaux notaires de la ville, fut ouvert par le président du tribunal, et il se trouva que, dans cet acte parfaitement en règle, il instituait Georges l'unique héritier des deux millions et demi qu'il possédait...

— Ah! le digne homme! — s'écria Sylvanire; — vertu de ma vie, voilà une belle action!... — je l'ai toujours pensé, ces Anglais ont du bon!...

— A l'expiration de ses cinq ans, Georges fut mis en possession de l'héritage. — Il voulut me faire partager sa fortune et je ne m'y refusai pas, convaincu comme je le suis qu'une amitié telle que la nôtre permet de tout accepter l'un de l'autre, sans honte et sans abaissement... — Georges abandonna son nom, je vous l'ai déjà dit, pour porter celui de sa mère, et depuis deux ans nous vivons à l'étranger, car le séjour de la France lui est devenu odieux...

— Ah! grand Dieu! je le comprends bien! — fit Sylvanire avec conviction... — je ne le comprends que trop!...

Puis, elle ajouta :

— Et, croyez-vous qu'il pense toujours à Marie?...

— Il ne prononce jamais le nom de madame de Talmay; — j'évite toute allusion au passé, — mais j'ai bien peur que son amour, loin de s'éteindre, n'ait grandi dans la souffrance...

— Ah! docteur, c'est beau comme l'antique!... — je voudrais pouvoir élever à M. de Commarin un temple, un monument, quelque chose!... — Du reste, j'ai la conviction qu'il n'a point affaire à une ingrate, et que ma pauvre Marie se meurt d'amour, tout simplement...

— Et c'est pour cela, madame, qu'il faut à tout prix éviter une rencontre entre Georges et Marie... — rencontre malheureusement inévitable si mon avis venait ce soir à la Redoute... — Je vous quitte, madame la baronne, — je vais le retrouver et m'efforcer de le retenir...

— Allez, cher docteur, et ne manquez pas de venir demain me rendre compte de ce qui se sera passé ce soir... Nous sommes descendus à l'hôtel de Flandre. — Si M. de Talmay est absent, vous verrez ma nièce...

Martial appuya galamment ses lèvres sur la main sèche et plâtrée que Sylvanire lui présentait; — il traversa les salons, qui maintenant regorgeaient de monde, et il se dirigea d'un pas rapide vers le chalet qu'il habitait avec son ami.

— M. de Bracieux est-il dans son appartement? — demanda-t-il au valet de chambre de Georges.

— Monsieur est sorti depuis dix minutes,—répondit le domestique.

— En voiture?

— Non, monsieur, à pied.

— Allons, — pensa Martial avec dépit, — je l'aurai croisé en route!...

Puis, il ajouta tout haut :

— A-t-il laissé des ordres?

— Un seul : celui d'aller l'attendre avec une calèche découverte, à onze heures et demie, près de la Redoute.

Martial reprit la route qu'il venait de suivre et rentra dans les salons qu'il avait quittés une demi-heure avant ce moment : — il les parcourut dans tous les sens et ne trouva Georges nulle part.

— Le diable m'emporte!... — se dit-il; — aussi, c'est ma faute!... — j'avais bien besoin de causer pendant une heure avec la baronne de Lamargelle!... — Que faire maintenant?

Il réfléchit pendant une ou deux secondes, et il prit le parti d'aller se poster, comme sentinelle ou comme un huissier, auprès de la principale entrée des salons.

— Au moins ainsi,—pensait-il,—j'aurai la chance de voir arriver Georges et de l'arrêter au passage.

Martial montait depuis quelques minutes cette étrange faction, lorsqu'une voiture s'arrêta au pied de l'escalier monumental de la Redoute.

Une femme, en toilette de bal, portant un burnous tunisien de soie blanche brodé d'argent sur sa robe de gros de Naples blanc, descendit de cette voiture et gravit lentement les degrés, appuyée au bras d'un homme jeune encore, mais dont les cheveux blonds, coupés très-court, grisonnaient déjà, et à qui ses longues moustaches et le ruban rouge noué à la boutonnière de son habit donnaient une apparence militaire.

Ce couple, au bout d'un instant, se trouva en face de Martial, qui reconnut du premier coup d'œil le comte et la comtesse de Talmay.

Madame de Lamargelle avait dit vrai. — Marie semblait presque mourante, mais qu'elle était divinement belle!...

Pareille à ces fleurs des tropiques qui répandent leurs plus enivrants parfums au moment de se flétrir, sa beauté produisait un effet d'irrésistible et vertigineuse fascination. Ses yeux, démesurément agrandis et entourés d'une auréole d'azur, offraient une surhumaine expression de souffrance résignée, et laissaient deviner des abîmes de douleurs muettes; — leur regard n'appartenait plus à ce monde.

La pâleur nacrée du visage s'illuminait d'une flamme étrange. — Le fard mortel de la fièvre lente et continue s'étendait sur les joues blanches; — les lèvres avaient un navrant sourire.

Le corps semblait intacts sa grâce et son charme; — les épaules nues, plus éclatantes que le collier de grosses perles qui les entourait, conservaient les lignes d'une fluidité merveilleuse et d'une pureté antique. — Marie ressemblait maintenant à ces adorables nymphes un peu grêles dont le ciseau de Jean Goujon a ciselé dans le marbre les formes finement harmonieuses.

M. de Talmay, lui aussi, présentait une transformation presque complète. — De même qu'un sol bouleversé par un tremblement de terre garde l'éternelle empreinte des convulsions qu'il a subies, de même sur sa figure ravagée se creusaient les sillons des longues insomnies et des déchirements intérieurs; — son teint, jadis d'une fraîcheur presque féminine, avait pris des tons bilieux; — le pli creusé aux coins de sa bouche révélait toute l'amertume de son sourire; — ses yeux, voilés à demi sous les paupières bistrées, laissaient jaillir un regard brillant et froid comme la lame d'une épée.

Evidemment, M. de Talmay avait subi le contre-coup des tortures qu'il infligeait; — implacable dans la vengeance qu'il poursuivait depuis sept ans, il était tout à la fois le bourreau et la victime, et la moitié des coups frappés par lui portaient sur lui-même.

En voyant Martial, dont la présence inattendue donnait quelque chose d'immédiat et de vivant à de cruels souvenirs, le comte tressaillit légèrement et, dans une involontaire contraction nerveuse, il mordit jusqu'au sang sa lèvre supérieure.

La pourpre fiévreuse dont nous avons parlé acquit une intensité nouvelle sur les joues de Marie, et la triste jeune femme voila sous ses longues paupières l'éclat de ses grands yeux.

M. de Talmay prit à l'instant même son parti.

La main étendue et le sourire aux lèvres il s'avança vers Martial, en lui disant :

— Je ne me trompe pas... c'est bien à monsieur le docteur Herbelin que j'ai le plaisir de parler?

— Vous ne vous trompez pas, monsieur le comte, — répondit le médecin en prenant la main d'Henry et en s'inclinant respectueusement devant Marie.

— Docteur, je suis heureux de vous rencontrer à Spa.

— Toute la joie de cette rencontre est pour moi, monsieur le comte...

— J'ignorais complètement votre présence ici...

— Et moi je savais votre arrivée...

— Comment?... êtes-vous doué de la double vue, docteur?

— Non, monsieur le comte, — malheureusement; — mais j'ai eu l'heureuse chance de rencontrer tout à l'heure madame la baronne de Lamargelle et de causer avec elle pendant un instant...

Henry, malgré lui, fronça le sourcil.

— Ah! ah!... fit-il ensuite, — vous avez déjà vu ma tante... — je vous en fais mon compliment... — Que vous a-t-elle dit de neuf et de sensé?

M. de Talmay appuya sur ce dernier mot.

— Madame de Lamargelle m'a donné les meilleures nouvelles de madame la comtesse,—répondit Martial,—et je vois avec joie qu'elle n'avait rien exagéré...

Henry regarda son interlocuteur pour s'assurer qu'il parlait sérieusement.

Le docteur semblait convaincu de la meilleure foi du monde.

— Madame de Talmay a été longtemps souffrante, — dit le comte après un silence; — mais, grâce à des soins assidus et à un excellent régime, elle va maintenant tout à fait... N'est-ce pas, Marie?

— Oui, mon ami, — murmura la jeune femme d'une voix dont la douceur pénétrante allait à l'âme... — tout à fait... — et je sens que bientôt je ne souffrirai plus...

Martial frissonna. Il ne se méprenait point au sens horriblement transparent de ces dernières paroles, et, en les écoutant, il était trop certain que madame de Talmay ne se trompait pas et que bientôt elle ne souffrirait plus.

— Comptez-vous passer un certain temps à Spa? — demanda-t-il à Henry pour dire quelque chose.

— Un mois, je pense, — et même plus longtemps si Marie se trouve bien ici... — cela dépendra d'elle absolument... — je n'ai d'autres volontés que les désirs de ma femme... — Et vous docteur, est-ce que vous êtes fixé en Belgique?... — Quoique je ne sois point allé en Bourgogne depuis plusieurs années, j'ai indirectement appris que vous aviez quitté Dijon... — Seriez-vous le médecin de Spa, par hasard?...

— Mon Dieu, non, — je suis ici tout à fait en amateur.

— Tant pis, car nous n'aurions pu nous trouver en de meilleures mains...

La conversation qui précède avait eu lieu à l'entrée du premier salon.

Martial était sur les épines.

Il tremblait de voir apparaître Georges, et, dans tous les hommes arrivant du dehors, il se figurait le reconnaître.

Enfin ce supplice eut un terme. Une robe rose fendit la presse en tourbillonnant, et s'approcha de nos trois personnages.

Cette robe rose, — fort peu semblable à celle que Théophile Gautier a prêtée,—était la juvénile enveloppe de madame de Lamargelle.

Sylvanire saisit le bras de sa nièce en s'écriant :

— Comme te voilà belle et charmante, chère mignonne!..., — nous allons laisser ces messieurs causer gravement ensemble, ainsi qu'il convient à des hommes sérieux, et nous irons toutes deux faire un tour dans le bal, qui est des plus animés, et où tu tourneras toutes les têtes.

Et, sans attendre la réponse du comte et celle de Marie, l'impétueuse douairière entraîna vivement la jeune femme.

— L'âge est une chimère, docteur, il faut en convenir!... — dit Henry avec un sourire franchement ironique, — regardez ma tante! elle est plus jeune que vous et que moi, et jamais elle ne vieillira.

— Madame la baronne est admirablement conservée et douée du plus heureux caractère. — répondit le médecin.

— Madame la baronne est folle et ridicule, voilà tout! — répliqua le comte amèrement.

Puis, changeant de ton, il ajouta :

— Vous avez vu ma femme... — que pensez-vous de sa santé ?...

— Dois-je vous parler à cœur ouvert ?

— Certes !...

— Eh bien, madame la comtesse est très-malade.

— Vous vous trompez, docteur, Marie ne s'est jamais mieux portée...

— Il est impossible qu'elle résiste à cette vie de fatigues continuelles et de fêtes incessantes que vous lui imposez !

— Ce sont les fatigues du plaisir qui rendent des forces aux femmes. — J'agis d'ailleurs en vertu d'une ordonnance bien en règle de la Faculté... — les princes de la science m'ont prescrit de distraire ma femme et je fais de mon mieux pour leur obéir...

— Monsieur le comte, ces distractions sont meurtrières !...

— Vous me permettrez de n'en rien croire.

— Même si je vous l'affirme avec une certitude absolue ?

— Auriez-vous la prétention, docteur, d'être plus savant et plus expérimenté, à vous seul, que les plus illustres médecins de Paris ?

— Non, monsieur le comte ; ma science est modeste et je n'ignore point qu'elle me commande l'humilité ; — mais je ne puis révoquer en doute le témoignage de mes sens, — mes yeux me disent que ces distractions prétendues dont vous parlez sont funestes à madame de Talmay !... et vous ne l'ignorez pas !...

— Prenez garde, docteur, c'est bien grave ce que vous dites là !

— Moins grave que la réalité.

— Savez-vous que vos paroles renferment presque une accusation ?... — Savez-vous que j'aurais le droit de m'en irriter et de vous en demander compte ?

— Et ce compte, je suis prêt à vous le rendre.

— Alors, expliquez-vous, monsieur...

Depuis quelques minutes Martial sentait la colère et l'indignation bouillonner sourdement dans son âme et monter peu à peu.

— Eh ! monsieur ! — s'écria-t-il, — les foules ressemblent au désert, elles isolent ; — donc, nous sommes seuls. — Ayez donc le courage de laisser tomber pour moi ce masque qui doit vous peser et qui ne me cache ni votre visage ni votre cœur !... — Vous savez bien ce que vous faites ! — vous continuez depuis sept ans, sans relâche, votre œuvre implacable ! —vous vous vengez, depuis sept ans, d'une pauvre femme qui n'est pas coupable !...

La figure de M. de Talmay exprima le profond étonnement d'un homme à qui l'on parle une langue inconnue.

— En vérité, docteur, — fit-il, — j'ignore absolument ce que vous voulez me faire entendre... — vous me parlez d'une *œuvre implacable*... d'une *vengeance*... que sais-je encore ?... — je vous affirme que je ne comprends pas un mot de tout ce que vous me dites...

— Monsieur le comte, oubliez-vous que j'étais l'ami de Georges de Commaire ?...

— Non ; et tant pis pour vous, docteur, — répliqua froidement Henry, — tant pis pour vous, car vous étiez l'ami d'un voleur.

— Georges, un voleur !...—lui, le plus noble, le plus généreux des hommes ! —murmura Martial.

— Docteur, cette discussion s'égare ! —interrompt le comte, — la justice a prononcé !...

— Oui, monsieur, grâce à vous ! grâce à vous, qui vous êtes servi du glaive de la loi pour frapper votre ennemi ! — Autrefois, il y a de cela sept années, vous avez fait condamner un innocent !... — Aujourd'hui vous assassinez une innocente !

M. de Talmay se mit à rire.

— Allons, docteur, — dit-il ensuite, — ceci est du mélodrame, et rien de plus ! — vous êtes jaloux de vos attributions, et je le comprends, mais cette jalousie vous entraîne un peu loin... — On a vu de tout temps des médecins qui tuaient leurs malades et qui voulaient se réserver le monopole de l'extermination... —vous êtes de ceux-là, sans doute, et vous avez peur que je vous fasse concurrence... — rassurez-vous, il n'en sera rien... — Je ne vous dis point adieu, docteur, je vous dis au revoir, et je pense demain vous trouver plus calme...

Le comte salua de la main et se perdit, un instant toujours, au milieu de la cohue élégante qui s'entassait dans les salons de la Redoute.

— Il est sans pitié, — murmura Martial resté seul... — il sera sans pitié jusqu'au bout !... — faut-il le maudire ou le plaindre ?...

— Il faut le plaindre ! — se répondit-il au bout d'un instant... — Combien n'a-t-il pas dû souffrir pour que son cœur se soit ainsi pétrifié ?...

Et Martial se lança dans le bal à son tour, avec l'espoir toujours déçu d'y rencontrer Georges. Le hasard l'ayant conduit à l'entrée du petit salon dans lequel avait eu lieu sa conversation avec Sylvanire, il vit M. de Talmay, assis à une table de bouillotte, et entassant devant lui des billets de banque et des piles d'or.

XVII. — GEORGES ET MARIE.

Martial, de plus en plus inquiet, car l'absence de Georges lui paraissait inexplicable, allait et venait avec agitation dans la foule, suscitant de sourdes colères par l'inopportunité de ses pérégrinations et dérangeant dans leur essor les couples tournoyants que la valse emportait sur ses ailes harmonieuses.

— C'est incompréhensible ! — murmurait-il en parcourant pour la dixième fois les vastes salons, — c'est complétement incompréhensible ! — Où peut-il être ? — comment se fait-il qu'il ne soit pas encore ici ? — Où le rejoindre maintenant et de quelle façon m'y prendre pour empêcher une rencontre dont les conséquences m'épouvantent ?...

Martial en était là de son soliloque incohérent, lorsqu'il sentit une petite main se poser sur son bras. Il se retourna brusquement et il vit à deux pas de lui madame de Talmay, si tremblante et si pâle qu'elle semblait près de tomber en défaillance. Il fit un mouvement pour la soutenir. Marie interrompit le geste commencé.

—Non, docteur, — dit-elle avec un étrange sourire, — non, je ne tomberai pas... — je parais faible, mais je suis forte.

La jeune femme avait raison... — la fièvre qui circulait dans ses veines et qui mettait des flammes dans ses yeux, la galvanisait en la dévorant.

—Docteur, — reprit-elle d'une voix calme, irrécusable indice d'une détermination sans appel, — ma tante m'a dit la vérité, — Georges est ici, — je veux le voir...

Martial se sentit ému et troublé jusque dans la moelle de ses os.

— Ah ! — balbutia-t-il, — voilà ce que je craignais ! — Madame, je vous en conjure, renoncez à ce projet funeste...

— Je veux le voir... — répéta Marie.

— Mais c'est insensé, madame !... — n'avez-vous pas assez souffert déjà ? — voulez-vous donc vous perdre tout à fait ?

— Croyez-vous donc, docteur, qu'il soit possible d'être plus complétement perdue que je ne le suis ?... — je n'ai vécu sept ans que dans l'espoir et dans l'attente d'aujourd'hui !... — Je vous dis que je veux le voir !... —Vous êtes son ami, — conduisez-moi vers lui...

Martial, effrayé, gardait le silence.

—Refusez-vous de me guider ? — demanda Marie ; — si cela est, dites-le-moi, j'irai seule...

— Je ne refuse rien, madame ; mais au nom du ciel, souvenez-vous !...

— De quoi voulez-vous que je me souvienne ?...

— Du passé.

— Eh ! c'est parce que je me souviens que je veux une heure de joie pour racheter sept années de tortures !...

— Laissez-moi du moins la prévenir...

— Non ; — j'ai soif d'entendre le cri qui s'échappera de ses lèvres en me reconnaissant...

— Mais le monde...

— Le monde n'existe plus pour moi.

— Mais votre mari...

— Que m'importe ? — Cet homme dont je porte le nom n'est plus mon mari ; c'est mon ennemi, c'est mon bourreau !... La trahison dont il se venge, vous savez bien que je ne l'ai pas commise ! — Je suis relevée de mes serments !... — mon âme est à celui qui m'a donné plus que sa vie, qui m'a donné son honneur !... — D'ailleurs, regardez-moi, — vous êtes médecin, — vous connaissez les symptômes de la mort prochaine, — vous voyez bien que cette ardente prière que je vous adresse est le vœu suprême d'une mourante... — Allons, docteur, ayez pitié de moi, — conduisez-moi vers lui...

— Madame, — murmura Martial, qui sentait sa résistance se fondre aux feux de ces yeux suppliants et de cette voix si douce qui s'échappait d'un cœur brisé, — tout ce que vous voudrez que je fasse je le ferai... — Seulement, je vous jure sur mon honneur, je ne sais où trouver Georges en ce moment...

— Ne doit-il pas venir à cette fête ?

— Oui ; — mais depuis une heure je le cherche sans résultat.

— Eh bien, donnez-moi votre bras, nous l'attendrons ensemble...

Martial s'inclina silencieusement ; — la comtesse s'appuya sur lui avec l'involontaire abandon d'une femme dont la force s'en va, et tous deux traversèrent les vagues humaines pour aller chercher dans le premier salon, auprès de l'entrée et du vestibule, un endroit où la foule fût moins compacte et l'air respirable plus abondant.

Pendant quelques instants le docteur et madame de Talmay n'échangèrent pas une parole.

Martial voyait le sein de sa compagne se soulever et son cœur battre avec une violence convulsive ; —il sentait les pulsations sèches et rapides du poignet délicat posé sur son bras.

— Pauvre femme !... — se disait-il, — vigoureuse et noble nature à qui le bonheur aurait fait une vie si longue et si douce !... — Elle va s'éteindre !... — Les indifférents diront : Madame la comtesse de Talmay est morte d'une maladie de langueur !...—Combien y aura-t-il de gens en ce monde qui sauront ce qui pourrout dire qu'elle est morte de désespoir ?... — Hélas ! et le bonheur lui-même, s'il venait aujourd'hui, ne la sauverait pas, car il viendrait trop tard !...

Dix ou douze minutes s'écoulèrent.

— Madame la comtesse, — demanda Martial, — voulez-vous me permettre de vous quitter pour un moment bien court ?... — je rentrerai dans le bal et de nouveau je chercherai Georges...

Marie secoua doucement la tête.

— Voilà qui serait inutile, docteur, — répondit-elle ensuite... — Georges n'est pas encore venu.

— Le croyez-vous?

— J'en suis sûre.

— Et, comment?...

— Si Georges était ici, je le saurais déjà.

— Qui donc vous l'aurait dit?

— Les battements de mon cœur...

Martial sourit involontairement.

— Vous n'êtes pas convaincu, docteur? — demanda la jeune femme.

— S'il faut vous l'avouer, je doute...

— Eh bien, vous avez tort.... — j'ai la certitude, docteur, vous entendez bien, *la certitude*, qu'à l'instant précis où Georges se rapprochera de moi, où nous respirerons le même air, les battements de mon cœur m'en avertiront... — D'ailleurs, — continua Marie en parlant d'une voix plus lente, et en semblant étudier quelque chose qui se passait en elle-même ; — vous aurez la preuve de ce que je viens de vous dire... — vous l'aurez bientôt...

Elle s'interrompit, — puis elle ajouta, en appuyant la main sur son cœur, tandis que son visage prenait une ineffable expression de béatitude :

— Vous allez l'avoir à l'instant! — il vient... il vient... il approche... — oh! je savais bien qu'une voix intérieure me criait : — *Le voici!...*

Et Marie, transfigurée, prenait à son insu l'attitude et la physionomie d'une jeune prophétesse qui, dans une heure d'extase, voit se dévoiler à ses yeux les secrets de l'avenir.

Martial tressaillit et se retourna.

Georges franchissait en ce moment les dernières marches du grand escalier, séparé du premier salon par une double porte vitrée et par un large vestibule.

De l'endroit où se trouvait placée madame de Talmay, elle n'avait pu le voir encore... — Une inexplicable prescience venait donc bien réellement de lui révéler son approche.

En face de ce fait étrange qui recélait en soi quelque chose d'inouï, de presque surnaturel, Martial, un peu matérialiste comme tous les médecins, demeura muet et anéanti, luttant contre le témoignage de ses regards et cherchant une explication qu'il ne trouvait pas.

M. de Commarin, lui aussi, éprouvait un pressentiment mystérieux... — son visage exprimait une émotion profonde ; — à mesure qu'il s'avançait, il sentait augmenter l'agitation fébrile dont il se demandait vainement la cause.

Il traversa le vestibule et il s'arrêta, dévorant des yeux le groupe formé par Martial et par madame de Talmay.

Il ne voyait que les épaules et les cheveux blonds de la jeune femme... — c'en était assez pour la reconnaître, et il la reconnaissait; — mais il n'osait croire, et il se disait : — Je rêve! — c'est un mirage qui va disparaître!... — C'est une vision que va s'envoler !...

Cet état de doute et d'incertitude ne dura d'ailleurs que quelques secondes. Au risque de retomber brusquement dans la réalité, Georges s'élança en avant et balbutia le nom de Marie.

Madame de Talmay tourna la tête à demi et répondit :

— Oui, c'est bien moi...

En même temps elle tendit à Georges sa main dégantée sur laquelle il colla ses lèvres défaillantes; — il chancelait comme un homme en délire, sous le poids écrasant de ce bonheur inattendu.

C'était la seconde fois, depuis sept ans, que les lèvres de Georges touchaient la main de Marie.

Il avait payé de son honneur et de cinq ans de bagne le premier baiser...

De quel prix allait-il payer le second?...

— Georges... Georges... — murmura la jeune femme en regardant les mèches blanches mêlées aux cheveux noirs de M. de Commarin... — Mon ami... mon pauvre ami, comme ils vous ont fait souffrir!...

— Je ne m'en souviens plus, Marie, puisque c'est pour vous que j'ai souffert et puisque je vous revois enfin...

— Oh! mon ami! combien la pensée de votre supplice rendait le mien plus cruel!...

— Votre supplice, dites-vous, Marie !... — qu'ai-je entendu? vous étiez malheureuse?...

— Nous avions le même bourreau... — un bourreau bien infatigable et bien cruel!... — Pour moi comme pour vous il était sans pitié!... Georges, je suis à bout de mes forces, je suis à bout de mon courage...

— Marie, voulez-vous que je vous venge?

— Non, mais je veux que vous me sauviez...

— Eh bien, fuyons ensemble! — Voulez-vous fuir?... — C'est le salut...

— Oui, Georges, fuyons et cachons-nous si bien qu'il ne retrouve jamais nos traces...

— Oh! ma bien-aimée, soyez bénie! — le passé n'est qu'un mauvais rêve... — l'avenir nous reste... — vous vivrez heureuse...

— Non, — pensa madame de Talmay avec un sourire triste et doux... — non, je ne vivrai pas heureuse, mais au moins je mourrai consolée, et c'est une main amie qui fermera mes yeux...

Georges s'approcha vivement du docteur, qui s'était, par discrétion, reculé de quelques pas.

— Écoute, Martial, — lui dit-il, — tu vas me rendre un service qui complétera ce dévouement sans bornes dont tu m'as donné tant de preuves...

— Que faut-il faire?...

— Cours au chalet, sans perdre une seconde, et songe que ma vie et plus que ma vie dépendent de ta promptitude... — Voici la clef du secrétaire... — Mets dans tes poches tout l'or que tu trouveras et le portefeuille rempli de traites... — fais atteler *Yorick* et *Paddy*... — Amène la voiture au bas des degrés... — Pas de cocher... — conduis toi-même... — Tu as compris, mon ami, — va vite!... — j'attends ton retour comme le condamné à mort attend sa grâce...

— Georges, — demanda Martial avec effroi, — que vas-tu faire?...

— Eh! tu le sais bien!.. — Partir...

— Avec elle?

— Oui; — avec elle.

— Vous serez poursuivis...

— Peut-être; mais nous ne serons pas rejoints.

— Hélas! vous vous perdez tous deux!...

— Qu'importe, si nous nous perdons ensemble?...

A cette sublime déraison de l'amour, il n'y avait rien à répondre. Martial le comprit.

Il baissa la tête et sortit, prêt à se plier passivement à toutes les volontés de son ami, mais emportant avec lui un pressentiment funeste.

Georges revint à Marie.

— Encore une demi-heure de patience, chère bien-aimée, — dit-il tout bas à son oreille, — et vous serez sauvée... et nous aurons devant nous l'espace, la liberté, le bonheur...

— Répétez-moi ces mots si doux, mon ami, — murmura la jeune femme. — Depuis si longtemps j'ai cessé de croire au bonheur !... — Peut-être, en vous écoutant, y pourrais-je croire de nouveau...

— Marie, ne doutez pas de l'avenir !... — je vous en prie, et Dieu vous le défend ! — N'avez-vous pas vu les ciels les plus purs et les plus tièdes soleils succéder aux longues tempêtes, aux jours de pluie tristes et sombres? — Il en sera de même pour nous ! — Nous avons été si malheureux !... — N'avons-nous pas subi toutes les douleurs, toutes les angoisses, toutes les tortures de la vie ?... — *Dieu mesure le vent à la brebis tondue*, dit un vieil adage qui me paraît touchant et vrai... — Dieu est juste! — A votre pauvre âme brisée il mesurera désormais la souffrance. — Les mauvais jours sont passés, Marie! — Oubliez les tempêtes et désapprenez les larmes, puisque voici qu'arrive le beau temps du soleil et des sourires...

Marie écoutait dans une muette extase l'harmonieuse musique de ces paroles d'espérance et d'amour. — Ses yeux étaient fermés à demi, et sur ses lèvres pâlies refleurissait déjà ce divin sourire que Georges venait de lui promettre pour l'avenir.

— Ne voyez-vous pas, Marie — reprit le jeune homme avec une passion qui faisait trembler sa voix, — ne voyez-vous pas que nous avons été créés l'un pour l'autre, et qu'entre nous, douleurs et joies, tout devait être partagé ? — Remontez avec moi, pour un instant, dans ce passé qui n'est plus qu'un songe... — L'amour qui remplissait mon âme tout entière s'éveillait déjà dans la vôtre... — Alors vous étiez perdue par ma faute, et cependant, au lieu de me maudire, comme c'était votre droit, vous veniez essayer de me sauver ! Vous repoussiez mon dévouement, vous fouliez aux pieds pour moi ce qu'une femme a de plus précieux en ce monde, un honneur injustement et lâchement attaqué !... — Sept années ont passé depuis, — sept années d'un long supplice, et dans ce supplice, cependant, j'avais des joies du ciel ! — Je bénissais mes fers en les portant pour vous. — J'aurais voulu mourir en me disant : *Je meurs pour elle !...* — Ah! je la connais bien, l'âcre volupté du sacrifice !... — Les chrétiens d'autrefois, sous le couteau des persécuteurs, offraient fiers et joyeux leur poitrine à la croix sanglante! c'était la livrée de leur Dieu!... — Moi je portais avec un orgueil pareil la casaque des forçats du bagne ! c'était la livrée de mon amour!

— Comment m'aime-t-il donc? — balbutia Marie. — Comment m'aime-t-il donc?

— Comment je vous aime! — répéta Georges; — peut-être votre cœur pourra-t-il le comprendre un jour, mais jamais je ne saurai, moi, vous peindre cet amour immense qui est mon âme, qui est ma chair et qui est mon sang !... — Des mots! — Qu'est-ce que des mots pour rendre ce qui se passe en moi?... — L'infini peut-il s'exprimer avec des paroles ?... Et vous aussi, vous m'aimez, Marie, et vous voyez bien qu'après sept ans cette fatalité inexorable, qui nous avait jetés loin l'un de l'autre, se lasse et nous rassemble enfin!... — Vous voyez bien qu'un jour arrive où la force et le courage vous manquent à la fois, — ce jour-là un miracle se fait, vous me trouvez sur votre chemin, vous me criez : — *Georges, sauvez-moi !...* — Dieu nous protège, et je vous sauve...

Marie frissonna.

— Oh! mon ami, — balbutia-t-elle, — oh! mon ami, ne parlez pas de Dieu...

— Pourquoi?

— Vous blasphémez en invoquant son nom; notre amour est un amour coupable, et peut-être un amour maudit!...

— N'en croyez rien, Marie. — Dieu nous voit et il nous pardonne.

— N'avons-nous pas assez souffert pour expier d'avance même un crime, et nous n'en avons pas commis... — Espérez et ne craignez plus... — Le mauvais sort est las de nous persécuter... — A nous l'avenir et le bonheur. — Nous défions le hasard lui-même, car voici Martial qui revient et la liberté avec lui.

A travers les vitrages de la fenêtre auprès de laquelle Marie et Georges se tenaient debout, M. de Commarin venait en effet d'apercevoir la voiture, conduite par le docteur, tournant l'angle d'une rue voisine au trot impétueux de ses chevaux pur sang.

— Venez... venez... — reprit-il, — hâtons-nous. — Je voudrais avoir mis déjà des mondes et des océans entre vous et votre bourreau...

— Oui, hâtons-nous... — répéta Marie en se soutenant, ou plutôt en se cramponnant des deux mains au bras du jeune homme, car sa force factice s'évanouissait rapidement, et c'est à peine si elle pouvait se tenir debout.

Déjà tous deux avaient fait quelques pas. — Ils allaient atteindre la porte du vestibule. — Marie poussa un cri étouffé, et Georges la sentit trembler de tous ses membres.

Une main venait de se poser sur son épaule nue, et une voix lui disait avec un accent de railleuse politesse:

— Je crois, madame la comtesse, que vous vous trompez de cavalier... — S'il vous convient de quitter le bal, je vais avoir l'honneur de vous offrir mon bras pour vous conduire à votre voiture...

Georges se retourna, frissonnant de colère, et se vit en face du comte de Talmay, qui ne daigna pas même laisser tomber un regard sur lui, et qui répéta:

— Votre bras, madame...

Un court instant d'effrayant silence suivit ces paroles.

Les jambes de Marie ployèrent sous elle. — Elle allait tomber à genoux. — Le comte la saisit par le poignet et la maintint debout en meurtrissant son bras frêle sous sa rude étreinte...

Un gémissement faible s'exhala des lèvres de la malheureuse femme.

Ce gémissement s'enfonça dans le cœur de Georges comme une épée.

— Monsieur, — dit-il d'une voix sourde, les dents serrées, les yeux étincelants, — l'homme qui porte la main sur une femme est un lâche!... — Si vous l'ignorez, je vous l'apprends...

Le comte de Talmay toisa M. de Commarin de la tête aux pieds avec une expression souverainement hautaine et méprisante.

— Je crois, monsieur, que vous venez de me parler... — fit-il ensuite. — Qu'avez-vous dit? Je n'écoutais pas...

— J'ai dit que vous êtes un lâche!...

Le comte lança pour la seconde fois à Georges un regard chargé de dédain, et pour toute réponse prononça ces mots:

— Vous êtes sur mon chemin, rangez-vous...

Georges, au lieu de reculer, fit deux pas en avant, et croisant ses bras sur sa poitrine, il reprit:

— Je crois que le moment de régler notre compte est enfin arrivé!

— Faites-moi place, monsieur, je ne vous connais pas.

— Monsieur de Talmay, prenez garde!...

— Prenez garde vous-même et laissez le passage libre, je vous l'ai dit deux fois, c'est trop!...

— Monsieur de Talmay, — continua Georges, — je vous aurais pardonné tout ce que vous m'avez fait souffrir, mais ce que vous avez fait souffrir à cet ange, je ne vous le pardonnerai jamais!...

Henry eut un sourire sinistre.

— Monsieur, — dit-il, — cet ange était ma femme!

— Vous en avez menti!... — Les liens qui nous unissaient n'existent plus, vous les avez brisés!...

— A votre profit, peut-être?...

— Mais ce rôle de bourreau que vous avez choisi, vous ne le jouerez pas plus longtemps!...

— Et qui m'en empêchera?

— Moi.

— Et comment m'en empêcherez-vous?

— En vous tuant.

— Et comment me tuerez-vous?

— Étrange question!...

— Répondez-y.

— Je vous tuerai comme on se tue entre gens de notre sorte, — en duel, épée contre épée...

M. de Talmay se mit à rire avec une expression infernale.

Tout ce qui précède venait de se dire à voix basse, et, — pour nous servir d'une expression triviale, mais énergique et expressive, — entre cuir et chair. Plusieurs des promeneurs du premier salon commençaient à comprendre qu'il se passait quelque chose d'étrange entre ces deux hommes, dont l'un soutenait à son bras une femme anéantie et qui semblait mourante, et dont l'autre était M. de Bracieux, le héros de la saison. — Un cercle de curieux se formait.

— Un duel!... — répéta le comte à deux reprises, en élevant la voix de plus en plus à chaque syllabe, et en accentuant chaque mot par un éclat du rire dont nous venons de parler. — Un duel!... — Allons donc!... — Est-ce qu'on se bat avec un bandit!...

Georges poussa un rugissement de fureur, et sa main droite se leva pour souffleter le comte. — Mais ce dernier arrêta cette main au vol avant qu'elle fût retombée sur sa joue, et tordant le bras de M. de Commarin avec la force herculéenne qui se cachait sous son apparence presque débile, il cria d'une voix tonnante:

— Sortez!... je vous l'ordonne!...

Dans les salons prochains les danses étaient interrompues. — L'orchestre faisait silence. — Une foule compacte enveloppait le petit groupe. — On montait sur les banquettes et sur les fauteuils pour mieux voir.

— Qu'y a-t-il donc? que se passe-t-il? — demandèrent vingt voix à la fois.

— Messieurs, — répondit M. de Talmay, — ce qui se passe n'est point digne d'attirer votre attention... — Il s'agit d'un misérable que je chasse de ces salons où il n'aurait dû ne jamais entrer...

Un murmure d'étonnement et d'indignation courut dans les rangs des spectateurs les plus rapprochés.

— Lui, un misérable! — s'écria un incrédule en se faisant l'interprète du sentiment général; — lui! monsieur de Bracieux! — Vous êtes fou!...

En même temps une rumeur presque menaçante s'élevait contre le comte.

Sa voix domina cette rumeur.

— Non, je ne suis pas fou! — dit-il. — Je ne suis pas fou et vous êtes dupes! — Cet homme que vous appelez monsieur de Bracieux se nomme Georges de Commarin! Cet homme sort du bagne de Brest!... Cet homme est un forçat!...

La foule épouvantée recula.

Cependant le contradicteur obstiné doutait encore et traduisit ses doutes par cette exclamation:

— C'est impossible!... — Il y a erreur!...

— Non, non, il n'y a pas d'erreur, — répliqua Henry. — Ce que j'avance, je vais le prouver!... — C'est sur la plainte du comte de Talmay, et pour vol commis dans son château, la nuit, avec effraction, que Georges de Commarin a été condamné à cinq ans de travaux forcés, en 1829, par la cour d'assises de Dijon... — Or, le comte de Talmay, c'est moi...

Le cercle des curieux s'élargit de plus en plus. — On commençait à s'éloigner de G orges comme d'une sorte d'horreur, comme on s'éloigne d'un pestiféré.

Certain du triomphe désormais, Henry continua:

— D'ailleurs, regardez-le, cet homme... Il pourrait se défendre et me répondre... — Regardez... — La vérité se lit sur son visage...

— Allons, misérable, vous voilà démasqué, sortez!... Au nom des honnêtes gens, je vous chasse!...

Écrasé, — anéanti, — foudroyé, — Georges devenait fou. — Le parquet se dérobait sous ses pieds comme le pont d'un navire battu par la houle. — Les murailles, les plafonds, les spectateurs tournaient autour de lui avec une rapidité vertigineuse. Une clameur immense de réprobation et d'horreur s'élevait de toutes parts et l'assourdissait.

Il porta ses deux mains à son front. — Il voulut pleurer, mais ses yeux restèrent secs — Il voulut crier, mais aucun son ne s'échappa de sa gorge haletante.

Alors il lui sembla que la nuit venait et que des ténèbres profondes enveloppaient soudainement son esprit et son corps. — Il ne vit plus, — il n'entendit plus, — et il tomba de toute sa hauteur, comme frappé d'un coup de hache, au milieu de la foule éperdue, qui sentit une involontaire émotion se mêler à l'horreur qu'elle éprouvait.

Un vieux médecin se trouvait là.

Il s'approcha de Georges, mit le doigt sur sa veine et secoua la tête.

— Attaque d'apoplexie foudroyante! — dit-il d'un air docte et en se relevant. — Le sujet est mort...

A ce moment une porte s'ouvrit et Martial pénétra dans le salon. Inquiet d'abord de ne pas voir arriver Georges et Marie, — épouvanté bientôt par les rumeurs sinistres et par les bruits étranges qui descendaient jusqu'à lui, il avait pris le parti de quitter la voiture en confiant les chevaux à la garde d'un mendiant, et de monter pour voir ce qui se passait.

Le corps inanimé de Georges fut le premier objet qui frappa ses yeux.

Il bondit jusqu'auprès de ce corps et il s'agenouilla à son côté, en s'écriant:

— Oh! mes pressentiments!... mes pressentiments!...

— Le docteur était l'ami du forçat! — fit une voix qui trouva de l'écho, — il doit être un coquin lui-même!... Voyez donc quelle mauvaise figure!

— Et maintenant rentrons au bal! — disait en même temps M. de Talmay à Marie.

— Ah! vous me tuez!... — balbutia la malheureuse femme avec le râle du désespoir et de l'agonie, — vous me tuez, monsieur!...

— Je le sais bien! — répondit Henry avec un sourire.

Et il entraîna la comtesse au milieu de la foule encore frémissante.

XVIII. — LA FIN DU ROMAN.

Le vieux médecin s'était trompé lorsqu'il affirmait d'un air doctoral la mort du *sujet*, et lorsqu'il baptisait un simple coup de sang du nom terrible d'apoplexie.

Martial, dans un premier moment de trouble, partagea cette erreur et crut que son malheureux ami avait cessé de vivre et de souffrir, mais il s'aperçut bien vite que le cœur conservait encore de faibles battements. — Il déchira l'une des manches de Georges et il piqua la veine avec une lancette dont il ne se séparait jamais.

Le sang coula lentement d'abord, — puis plus vite, — et jaillit enfin comme un filet d'une pourpre sombre. — Les yeux de Georges s'entr'ouvrirent, mais, éblouis sans doute par l'éclat des lumières, ils se refermèrent aussitôt.

Martial improvisa des ligatures en déchirant son mouchoir de poche, et il fit porter M. de Commarin dans la voiture qui devait servir à l'enlèvement ou plutôt à la fuite.

En arrivant au chalet, Georges ne se ranima que pour subir les premiers accès d'un effrayant délire.

La fièvre cérébrale venait de se déclarer.

— Tout ce qui dépendra de moi je le ferai, — pensa Martial, — et si Dieu me vient en aide, je sauverai mon ami... — Mais, pour son repos et pour son bonheur, ne vaudrait-il pas mieux qu'il mourût?...

Pendant quarante jours une lutte acharnée s'engagea entre la vie et la mort qui se disputaient Georges. — Pendant quarante jours Martial dut croire d'heure en heure, et pour ainsi dire de minute en minute, que l'âme captive allait rompre sa prison de chair et s'envoler vers les espaces inconnus.

Il n'en fut rien cependant.

La vigoureuse constitution du malade, et, nous devons le dire, les soins assidus et la science profonde du médecin, triomphèrent de la maladie.

Le danger disparut, mais la convalescence fut longue.

Au bout de trois mois seulement Georges et Martial purent s'éloigner de la Belgique et se diriger vers l'Italie, où le docteur avait décidé que son malade passerait l'hiver.

Avant d'abandonner Spa, M. de Commarin renvoya ses gens, vendit ses chevaux et quitta ce nom de *Bracieux*, aussi fatalement célèbre maintenant que son propre nom.

Il n'en prit pas d'autre.

— A l'avenir je ne m'appellerai que *Georges*, — dit-il, — et je vivrai dans une obscurité si profonde, que l'insulte et le mépris ne pourront la traverser pour arriver jusqu'à moi...

§

Le lendemain de la terrible scène que nous avons mise sous les yeux de nos lecteurs dans le précédent chapitre, le comte de Talmay, épouvanté peut-être lui-même de l'immense scandale qu'il avait provoqué, quitta Spa en emmenant Marie et la baronne, et parcourut lentement et à petites journées les bords du Rhin.

— Eh bien, madame, — disait-il chaque jour à sa femme avec une infatigable persévérance, — me parlerez-vous encore de votre innocence? — Soutiendrez-vous toujours que Georges ne forçât n'était point votre amant, et que ma vengeance est inique?...

Madame de Talmay baissait la tête et ne répondait pas.

Sylvanire, à l'insu de son neveu, écrivait à Martial des lettres exaltées et recevait par lui des nouvelles de Georges.

Les courts billets du docteur, communiqués par Sylvanire à Marie, soutenaient seuls la pauvre femme et lui donnaient le courage de vivre, ou du moins de ne pas hâter sa mort.

Au mois d'octobre, M. de Talmay ramena la comtesse à Paris; alors recommença pour elle cet étrange supplice des fêtes incessantes auxquelles son mari la traînait sans relâche et sans pitié.

La moitié de l'hiver, à peu près, se passa ainsi.

Dans le courant de février les forces de Marie se trouvèrent complètement épuisées, et ces mêmes *princes de la science* qui avaient ordonné les *distractions*, déclarèrent au comte que sa femme leur paraissait condamnée, et qu'elle ne pourrait plus guère désormais quitter son lit ou son fauteuil.

Lorsque cet arrêt sans appel fut prononcé, Henry entra dans la chambre de Marie.

— Nous partons demain, — lui dit-il.

— C'est bien, — répondit la comtesse.

— Vous ne me demandez pas où nous allons?

— Mourir ici ou mourir ailleurs, qu'importe?

— Que parlez-vous de mourir? — Vous avez encore devant vous de longues années... — Il paraît que le mouvement et les plaisirs étaient décidément contraires à votre constitution; mais je compte sur le repos et le calme de la campagne pour vous remettre tout à fait. — Nous retournons en Bourgogne et nous n'en sortirons plus...

— C'est bien, — répéta Marie.

Le lendemain la comtesse était portée dans une chaise de poste. — Les grelots des chevaux tintaient, et les postillons, faisant claquer joyeusement leurs fouets, lançaient au galop l'attelage sur les pavés sonores.

Les pauvres diables qui voyaient passer cette berline rapide, au milieu d'un tourbillon de poussière et de tapage, se disaient en soupirant avec envie:

— Qu'ils sont heureux, ces riches!...

Ainsi juge le monde!

Sylvanire, faisant preuve cette fois d'un très-véritable dévouement, quittait Paris en plein hiver pour accompagner Marie.

Ceci, — nous n'en doutons point, — dut effacer plus d'une peccadille amoureuse de la trop légère baronne, sur le grand livre où sont inscrites les humaines faiblesses.

Ce fut un moment cruel pour madame de Talmay que celui de son arrivée dans ce château si rempli pour elle de souvenirs douloureux et impérissables.

Elle fit preuve d'un héroïsme surhumain. — Elle sut cacher jusqu'au moindre vestige de son émotion, lorsqu'elle apprit de la bouche de son mari qu'elle aurait à l'avenir pour chambre à coucher le boudoir où s'était joué jadis le drame sinistre de l'effraction.

— Puisque vous ne pouvez sortir, — dit Henry, — cet appartement vous sera commode pour recevoir les visites qui vous seront faites.

Dès le lendemain de son retour en Bourgogne, M. de Talmay s'occupa de remettre sur un grand pied ses meutes et ses équipages de chasse. — Il redevint, comme au temps de sa jeunesse, un intrépide et infatigable veneur, et ses journées entières se passèrent au fond des forêts. — C'est à peine si la comtesse et la baronne le voyaient deux ou trois fois par semaine à l'heure du repas du soir.

Le reste du temps il rentrait tard, — couvert de boue de la tête aux pieds, — et se faisait servir dans son appartement.

Cette nouvelle existence apportait à Marie un immense soulagement moral. — Elle se trouvait presque heureuse, ce qui ne l'empêchait point d'envisager avec un calme profond et une sorte de joie l'idée de sa mort, qu'elle considérait comme très prochaine.

Mieux et plus sûrement peut-être qu'un médecin, madame de Talmay se rendait compte de son état. — La progressive diminution de ses forces vitales, diminution qu'elle étudiait avec une étrange et froide curiosité, lui permettait de constater les progrès rapides et réguliers de la consomption.

Elle devinait les symptômes précurseurs d'un anéantissement absolu, et elle pensait sans amertume à ce long sommeil qu'elle dormirait bientôt, sous une pierre blanche armoriée, dans le petit cimetière du village.

Un jour, — vers la fin d'avril, — Marie eut une émotion qui faillit la tuer sur l'heure.

Sa femme de chambre, jeune paysanne beaucoup moins stylée mais beaucoup plus dévouée que mademoiselle Flore, de rancunière mémoire, lui vint annoncer qu'un étranger demandait à la voir, et qu'il insistait pour être reçu.

Marie, dont le système nerveux était dans l'état le plus déplorable, poussa un cri et s'évanouit en reconnaissant le docteur Martial.

Au sortir de cet évanouissement, elle questionna le médecin avec une ardeur dont il sera possible peut-être à quelques-unes de nos lectrices de se faire une idée.

Martial répondit qu'il avait laissé en Italie, à Florence, Georges complètement rétabli, et que lui-même, fatigué des voyages, se fixait pour toujours à Dijon, sa ville natale.

— Tant mieux!... — s'écria Marie... — vous viendrez souvent me voir, n'est-ce pas?...

— Aussi souvent que vous voudrez bien me le permettre...

— Je suis malade, docteur, — dit la comtesse en souriant, — en cette qualité j'aurai besoin de visites presque quotidiennes... — Engagez-vous sans crainte à venir... — si fidèle que vous soyez à vos engagements, leur durée ne sera pas longue...

— Pourquoi cela? — murmura Martial.

— Pourquoi cela? — répéta Marie... — ce n'est pas sérieusement, docteur, que vous me faites cette question...

Puis, changeant brusquement de conversation, elle ajouta:

— Vous ne me questionnez point au sujet de M. de Talmay? — eh bien, je vais vous donner de ses nouvelles... — Il considère comme achevée (et il a raison) l'œuvre commencée par lui il y a sept ans. — Il chasse sans cesse... — je ne le vois plus, et par conséquent je jouis d'un repos dont j'avais oublié même l'existence et que j'avais cessé d'espérer en ce monde...

Elle ajouta tout bas:

— Il n'y a plus que le cœur qui souffre, — mais bientôt lui aussi sera guéri...

A partir de ce moment, Martial vint trois ou quatre fois par semaine au château de Talmay.

Un jour il rencontra le comte et il l'aborda, non sans un embarras involontaire facile à comprendre, mais Henry parut n'avoir conservé aucun souvenir des dures vérités formulées avec tant d'énergie par le docteur au bal de la Redoute, dans le cours d'un entretien que nous avons précédemment rapporté.

— Venez voir ma femme, — dit-il, — venez souvent, et tâchez

d'être plus heureux ou plus habile pour la guérir que tous vos illustres confrères...

§

Quelques semaines s'étaient écoulées depuis ce retour inattendu de Martial à Dijon.

Le mois de mai, le plus doux de tous les mois, — le mois des fleurs, — le mois de la Vierge, — le mois de l'amour, — allait finir.

Midi venait de sonner à la pendule que l'éléphant de porcelaine portait sur son dos, entre les deux petits nègres.

La baronne de Lamargelle, à la prière de Marie, était partie pour Dijon aussitôt après le déjeuner, afin d'y faire quelques emplettes, et ne devait revenir que le soir.

Le comte chassait depuis le point du jour un sanglier détourné la veille dans une forêt située à cinq ou six lieues du château.

Dans la matinée, Marie avait fait appeler le curé du village, bon et simple vieillard à cheveux blancs. — Elle lui avait raconté longuement sa vie tout entière, ses douleurs, ses aspirations, ses défaillances; — elle ne lui avait rien caché... ni de son âme, ni de son cœur, et le vieillard s'était retiré en disant:

— Soyez bénie et soyez pardonnée, ma fille... — au nom du Dieu de miséricorde et de bonté, je vous absous de toutes vos fautes... — que la paix demeure avec vous, car votre âme est pure en ce moment comme au jour de votre baptême.

Madame de Talmay, après le départ du vieux prêtre, se plongea dans une rêverie qui, sans doute, n'avait rien de douloureux; les grands yeux profonds et le visage amaigri de la jeune femme exprimaient un calme absolu.

Cette rêverie fut interrompue par l'entrée de la rustique soubrette dont nous avons parlé déjà.

Sans mot dire, la camériste villageoise remit à sa maîtresse un papier plié en forme de lettre.

Marie déploya ce billet, le lut et le jeta au feu.

— Mon enfant, — dit-elle ensuite, — donnez-moi ce qu'il faut pour écrire...

La femme de chambre apporta une petite table auprès de la chaise longue sur laquelle madame de Talmay était étendue. — Cette petite table supportait du papier, de l'encre, des plumes et un bâton de cire rouge.

Marie traça une seule ligne sur une feuille de papier qu'elle mit sous enveloppe; — elle n'écrivit point d'adresse... — elle cacheta et elle tendit l'enveloppe à la soubrette qui la prit sans faire une question et qui sortit du boudoir transformé en chambre à coucher.

Midi et demi sonnèrent à la pendule. On annonça le docteur Martial.

— Je vous attendais, — lui dit la comtesse en lui tendant une main qu'il garda dans les siennes assez longtemps pour interroger la veine.

Marie le regardait faire en souriant.

— Eh bien, docteur, — lui demanda-t-elle ensuite, — comment me trouvez-vous aujourd'hui?...

Martial hésita avant de répondre.

— Allons... allons... — reprit Marie avec une sorte de gaieté, — parlez franchement... je le veux...

— Je n'ai rien à cacher, je vous jure... le pouls est un peu faible peut-être mais parfaitement calme et régulier...

— Alors, vous trouvez que tout va bien?...

— Sans doute.

— Et c'est là ce que vous appelez votre franchise?...

— Mais, il me semble...

— Il vous semble que toute vérité n'est pas bonne à dire, cher docteur, — interrompit Marie, — et vous trouvez inutile de m'apprendre que les battements de mon pouls et ceux de mon cœur sont si faibles, qu'ils vont s'éteindre... Vous voyez que vous avez tort, puisque je sais aussi bien que vous ce que vous voulez me cacher...

— Madame la comtesse, — répliqua vivement Martial, — vous vous exagérez beaucoup votre état... — je ne vous dissimule pas qu'il est grave, mais il n'est point désespéré.

— Bien, docteur, — laissons cela... — vous ne faites après tout qu'un acte de charité en vous efforçant de m'entretenir dans une illusion consolante. — Ce n'est pas votre faute si le succès est impossible. — Et, maintenant, parlez-moi de Georges... — avez-vous reçu de ses nouvelles?

— Oui, madame.

— Bonnes?

— Aussi bonnes que possible.

— Où est-il maintenant?

— Toujours en Italie.

— A Florence?

— Oui, madame.

— Que vous dit-il dans sa lettre?

— Qu'il recherche le mouvement et la distraction et qu'il s'en trouve bien...

— Croyez-vous, docteur, que plus tard Georges finira par oublier?...

— Jamais complétement, madame, — mais je crois qu'un jour ses souvenirs perdront beaucoup de leur amertume...

— Ainsi, vous espérez que l'avenir lui réserve un bonheur relatif?

— Je l'espère, — oui, madame.

— Docteur, — répliqua la comtesse avec un nouveau sourire, — savez-vous que vous avez pour le mensonge un sang-froid vraiment précieux... vous parlez avec une si grande et si complète assurance que, lors même qu'on sait que vous mentez, on est presque tenté de vous croire.

— Madame la comtesse, — murmura Martial fort déconcerté, — je ne comprends pas du tout ce que vous me faites l'honneur de me dire...

— Voici l'explication de cette énigme transparente: — Georges n'est point en Italie... — il est revenu en France avec vous... — il habite une petite maison louée par vous sous un faux nom, à deux lieues d'ici, et il passe les trois quarts de sa vie caché dans le parc de ce château, les yeux fixés sur les fenêtres de cette pièce...

— Eh quoi, madame, — s'écria Martial, — vous savez...

— Vous voyez que je sais tout. — J'ajouterai que je n'ai pas encore vu Georges, mais que depuis un mois je suis en correspondance avec lui: — chaque jour il m'écrit et chaque jour je lui réponds...

— Et il me l'a caché!... — murmura le docteur avec un dépit involontaire.

— Il a bien fait, — répondit Marie. — En votre qualité d'ami dévoué, vous n'auriez pas manqué de lui représenter vivement la folie et le danger de sa conduite. — Mieux valait ne point s'exposer à des conseils qu'il lui semblait impossible de suivre...

— C'est vrai... — Mais alors, madame, comment se fait-il que vous me disiez tout aujourd'hui?

— Aujourd'hui, docteur, le mystère devient inutile; et, si j'avais gardé le silence, Georges, demain, vous aurait tout révélé...

— Pourquoi demain?

— Je ne puis répondre à cette question. — Donnez-moi votre main et dites-moi au revoir...

— Vous me renvoyez?...

— Oui.

— Si vite!...

— Il le faut.

— Ma visite vous fatigue?

— Mais vous savez bien que non... — Je pourrais vous répondre que je sens le besoin d'être seule... — mais je serai franche... — J'attends quelqu'un...

— Georges, peut-être!... — s'écria Martial.

— Vous l'avez dit.

— Quelle imprudence!...

— Imprudence ou non... je suis décidée... — Il va venir et je le recevrai...

— Que penseront vos gens?

— Aucun d'eux ne le connaît.

— Mais, madame la baronne?

— Ma tante est à Dijon?

— Et votre mari?

— Il chasse... — D'ailleurs, si cette entrevue est un danger, je m'expose librement... — je veux voir Georges encore une fois; mais je vous le jure, ce sera la dernière... — Allons, docteur, partez, partez vite...

— Je vous quitte, puisque vous l'exigez, — mais je m'en vais horriblement inquiet...

— Eh bien, s'il le faut pour vous rassurer, revenez dans une heure.

— Georges sera parti?

— Il sera parti, — répondit Marie.

Et, tout bas, elle ajouta:

— Et je serai morte!...

Martial baisa la main presque diaphane que lui tendait la jeune femme et sortit du boudoir.

Madame de Talmay laissa s'écouler quelques minutes, puis elle quitta la chaise longue, et, lentement, péniblement, car elle était arrivée au dernier période de la maladie de langueur qui la dévorait, elle se traîna jusqu'auprès de la fenêtre.

Elle essaya d'ouvrir cette fenêtre, mais elle n'en eut pas la force.

Alors, derrière les vitres de cristal, elle agita son mouchoir blanc.

C'était un signal sans doute; — sur la lisière de verdure du parc un mouchoir fut également agité.

Marie regagna sa chaise longue et l'attendit.

Son attente fut courte.

La soubrette villageoise ouvrit la porte et Georges vint tomber aux genoux de celle qu'il avait tant aimée et pour laquelle il avait tant souffert.

Il sentit son cœur se serrer en regardant ce pâle et doux visage flétri, dévasté, méconnaissable, mais toujours beau cependant, où la mort prochaine avait mis si lisiblement son empreinte.

— O Marie! — s'écria-t-il, — enfin je vous revois... Mais pourquoi donc m'avoir fait si longtemps attendre? — pourquoi donc avoir retardé si longtemps cette heure que j'aurais achetée au prix de la moitié de ma vie?

— Moi aussi, mon ami, — répondit la comtesse, — moi aussi je suis bien heureuse de votre présence, et cependant je ne vous aurais pas encore appelé, si le moment n'était venu de vous dire adieu...

— Me dire adieu! — répéta Georges atterré... — pourquoi cet adieu? ne devons-nous plus nous revoir?

— Plus en ce monde.

— Quel est le sens de ces paroles?... — je tremble... — j'ai peur de comprendre...

— Et vous comprenez, en effet... — Armez-vous de courage, Georges... — tout est fini pour moi sur la terre... — je vais partir...

— Mais c'est impossible!...

— Mon ami, regardez-moi bien, et vous ne répéterez plus ce mot...

— On ne meurt pas quand on aime... on ne meurt pas quand on est aimé... — Laissez-moi vous sauver, Marie... — Confiez-vous à moi... — personne aujourd'hui ne viendra se dresser entre nous... Fuyons.

— Georges, — interrompit Marie sa voix lente et douce, — je bénis Dieu qui n'a point permis, il y a six mois, la réalisation de cette fuite que je provoquais alors et que je repousse aujourd'hui!...

— Savez-vous, mon ami, ce qui cause mon orgueil et mon bonheur à l'heure suprême où me voilà? — c'est la pureté de notre amour... — Cette ardente passion, qui depuis si longtemps fait battre nos deux cœurs, n'a pas une souillure terrestre, — nos deux âmes sœurs pourront paraître devant Dieu ensemble et sans rougir, — Georges, nous aurons eu sur la terre une existence de larmes et de douleurs, nous aurons dans le ciel une éternité de bonheur et de joies...

— Mais je veux partir avec vous!... — Séparés dans cette vie, réunissons-nous dans la mort!

— C'est à moi de vous dire maintenant : — C'est impossible!... — je pars la première et je vais vous attendre...—votre tour viendra... — peut-être est-il proche; mais si ma volonté est sacrée pour vous, n'oubliez jamais que je vous défends de devancer l'heure...—m'obéirez-vous, mon ami?

— Je vous obéirai... — murmura Georges que les larmes suffoquaient...

— Vous me le jurez sur votre amour?

— Sur mon amour, je vous le jure!...

— Merci, Georges! merci!—Oh! que vous me rendez heureuse!—Oui, vous resterez ici-bas, mais vous n'y resterez pas seul... —depuis là-haut, mon âme descendra souvent pour vous visiter et pour vous consoler... —Je vous verrai... je me dirai : — Il pense à moi... il prie pour moi... il m'aime toujours... Je demanderai à Dieu la fin de votre exil... — Dieu m'exaucera et nous serons réunis enfin pour ne plus nous quitter jamais...

Depuis un instant la voix de Marie faiblissait, et c'est à peine si les paroles prononcées par l'agonisante arrivaient distinctement à l'oreille de M. de Talmay; —ce que son oreille ne pouvait entendre il le devinait avec son âme.

Marie s'interrompit pendant un instant, puis elle reprit, mais d'une voix qui n'était plus qu'un souffle :

—Voici que vient le sommeil... ce long sommeil dont on ne s'éveille pas... — Donnez-moi vos deux mains, mon Georges... je veux les sentir dans les miennes en m'endormant... — vous ne pouviez avoir ma vie, mais, vous le voyez, ma mort est à vous seul...

Georges, agenouillé, ou plutôt prosterné auprès de la chaise longue, cachait son visage dans les plis flottants de la longue robe de Marie. — Des sanglots convulsifs secouaient sa poitrine et montaient de son cœur à ses lèvres.

Madame de Talmay, la tête renversée en arrière, avait les yeux fermés. — Un ineffable sourire errait sur ses lèvres entr'ouvertes.

— Oui, — balbutia-t-elle pour la seconde fois, — ma mort est à vous seul...

— Pas plus la mort que la vie!... — dit une voix sourde au fond de la chambre.

Georges bondit sur ses pieds et se retourna.

Le comte de Talmay, immobile et les bras croisés sur sa poitrine, contemplait d'un œil sec et farouche cette femme agonisante et cet homme agenouillé et pleurant.

— Ah! — cria Georges dont le désespoir se métamorphosa soudainement en fureur, — c'est Dieu qui vous envoie!...

— Le croyez-vous? — demanda le comte avec une raillerie provocante...

— Bourreau, votre victime vous échappe, — reprit M. de Commarin, — la voilà libre, puisque la voilà morte! — votre vengeance est finie, et la mienne commence!.. — La loi du talion est la plus juste des lois!... vous avez tué, — vous allez mourir!...

Georges, tout en parlant, avait marché vers Henry... — Deux ou trois pas à peine séparaient les deux hommes.

Les regards de M. de Commarin lançaient un feu si sombre que le comte recula instinctivement.

Georges lui saisit le bras gauche.

— Oh! vous ne sortirez pas! — dit-il, — vous êtes à moi! je vais vous tuer!...

— Eh bien, soit, — répondit Henry... — vous voulez un duel, j'accepte...

— Un duel! — répéta Georges avec un rire infernal, — un duel! — allons donc!... — est-ce qu'on se bat avec un forçat? — c'est vous qui l'avez dit, monsieur le comte, vous en souvenez-vous? — vous avez eu raison... — le forçat ne se bat pas, — il tue, — et je suis un forçat!...

Georges, que sa colère et ses propres paroles enivraient et rendaient fou, venait d'armer sa main du couteau catalan que nous l'avons vu tourner contre lui-même dans le cabinet du procureur du roi de Dijon.

Il l'ouvrit et il le plongea jusqu'au manche dans la poitrine du comte, — laissant l'arme dans la plaie mortelle.

M. de Talmay ne tomba pas.

D'une main héroïque il maintint le fer dans la blessure pour empêcher la vie de s'échapper avec le sang.

— Merci, monsieur, — dit-il, — oh! merci!... — vous faites ma vengeance plus belle et plus complète que je ne l'avais jamais rêvée! — Vivant, je vous ai envoyé au bagne!—mort, je vais vous envoyer à l'échafaud!...

Il ouvrit une des fenêtres, et, se penchant au dehors, il cria par trois fois, d'une voix éclatante :

— A l'aide!... on m'assassine!...

Ce terrible effort l'épuisa.

Vainement il se cramponna à l'appui de la fenêtre, — il tourna sur lui-même comme un homme frappé de vertige, et il tomba lourdement à la renverse, au milieu d'une mare de sang.

Une convulsion agita ses membres, — un rauque soupir s'échappa de sa gorge, — puis ses yeux devinrent fixes et son corps prit la rigide immobilité des cadavres.

Sans pâlir et sans trembler, Georges contempla son œuvre.

— Non, je ne suis pas un assassin, se dit-il à lui-même; — je suis un justicier!...

Il revint auprès de Marie, en balbutiant :

— Pauvre martyre, vous êtes vengée! Que m'importe l'échafaud? ne faut-il pas mourir pour aller vous rejoindre...

Cependant de vagues rumeurs montaient des profondeurs du château... — on entendait de toutes parts s'approcher des pas rapides.

La comtesse rouvrit les yeux. — Pareille à un spectre qui sort de sa tombe, elle se leva et voulut se tenir debout; mais elle glissa sur ses genoux. — Alors, ne pouvant marcher, cette morte que galvanisait une pensée suprême se traîna ou plutôt rampa jusqu'auprès du corps de M. de Talmay, et posa sa main déjà froide sur le manche du couteau plongé dans la poitrine.

Anéanti, muet de stupeur, Georges la regardait faire et ne comprenait pas.

Toutes les portes s'ouvrirent à la fois.

A l'une d'elles parut Martial ; — par les autres, les valets du château envahirent le boudoir et s'arrêtèrent épouvantés à la vue de ce corps étendu et de ce sang qui coulait.

— Malheureux!...—s'écria le docteur qui saisit la main de Georges, — malheureux! qu'as-tu fait?

— Qu'on n'accuse personne, — dit lentement la comtesse en arrachant de la plaie l'arme ensanglantée, — j'ai vengé sept ans de tortures... j'ai tué mon mari... que Dieu me pardonne!...

Elle s'abattit sur le cadavre.

Martial s'élança pour la soulever et la sentit glacée dans ses bras. Elle était morte.

§

Georges avait juré à Marie de vivre aussi longtemps que la volonté de Dieu serait de le laisser en ce monde.

Il ne s'éteignit que dix ans plus tard, dans le monastère de la Trappe, où personne ne sut jamais que le frère Ambroise s'était appelé jadis, dans le monde, Georges de Commarin.

FIN.

www.ingramcontent.com/pod-product-compliance
Lightning Source LLC
LaVergne TN
LVHW052151080426
835511LV00009B/1787